中学生物学

课堂教学研究

ZHONGXUE SHENGWUXUE
KETANG JIAOXUE YANJIU

宋丽莎　余彭娜　陈世军◎主编

贵州科技出版社

图书在版编目（CIP）数据

中学生物学课堂教学研究／宋丽莎，余彭娜，陈世军主编. —— 贵阳：贵州科技出版社，2017.3
ISBN 978 - 7 - 5532 - 0567 - 0

Ⅰ. ①中… Ⅱ. ①宋… ②余… ③陈… Ⅲ. ①生物课 - 课堂教学 - 教学研究 - 中学 Ⅳ. ①G633.912

中国版本图书馆 CIP 数据核字（2017）第 058799 号

出版发行	贵州科技出版社
地　址	贵阳市中天会展城会展东路 A 座（邮政编码：550081）
网　址	http://www.gzstph.com　http://www.gzkj.com.cn
出版人	熊兴平
经　销	全国各地新华书店
印　刷	虎彩印艺股份有限公司
版　次	2017 年 3 月第 1 版
印　次	2017 年 3 月第 1 次
字　数	180 千字
印　张	10.75
开　本	710 mm × 1000 mm　1/16
书　号	ISBN 978 - 7 - 5532 - 0567 - 0
定　价	28.00 元

天猫旗舰店:http://gzkjcbs.tmall.com

编　委　会

前　言

　　随着新课程改革的不断推进,教师专业化发展已成为基础教育领域的热点问题。中国教育学会名誉会长顾明远教授指出:"社会职业有一条铁的规律,即只有专业化才有社会地位,才能受到社会的尊重。"教师无论作为一种职业还是一种专业,其共同点均为文化程度高于其所教对象,从而完成知识的传递。而职业与专业的根本区别,就在于知识传递中的"做到"或"做好",从"做到"到"做好"的漫长距离就是专业化的过程。

　　当今,要求教师职业的专业化已成为世界性潮流,教师职业从经验化、随意化正向着专业化方向发展。社会对教师素质的关注已达到了前所未有的高度,"教师即研究者"已成为国际教师专业发展的重要理念。高质量的教师不仅要有知识、有学问,更要有道德、有理想、有专业追求;不仅是知识的传授者,更是教学的研究者;不仅要终身学习、不断自我更新,更是学科的专家、教育的专家。

　　开展教学研究是教学改革的基础,是教师专业成长的内在驱动力。通过教学研究,促使教师养成观察、思考、改进、总结的良好习惯,成为教学中的有心人。教育科研正改变着教师的教学行为,教师的一切教学活动都将在研究中发生。教学过程中,教师通过观察发现教学问题,进而反思教学问题、修正教学行为,最后解决教学问题。如此实践、反思、再实践、再反思,循环往复不断积累,终能透过教学现象更深地解读教学的本质及意义,在反复的反思撞击中绽放出思想的火花,

1

使"教书匠"向着教育专家迈进。《中学生物学课堂教学研究》一书的整理、编撰正是基于这样的目的。

《中学生物学课堂教学研究》中的文稿，多数源于已经公开发表或获奖的论文，是黔南民族师范学院生物科学与农学院师生的教学科研成果，是师生们潜心研究、笔耕不辍的结晶。本书主要分为生物与课堂教学、生物与实验教学、生物与健康研究、课程资源开发、生物与教学论研究五个板块。透过这些论文，我们不仅可以看到老教师们多年来源于教学实践的丰富经验积累，同时还欣喜地发现，许多从我院毕业任教在中学一线的年轻教师，已有着十分清晰的教学研究意识和教师专业化理念。他们不仅是知识传播的主体，同时也是知识创新的主体都在为实现知识的创新而在各自的教学中开展着多种多样的教学研究。

积沙成塔，集腋成裘，集小流终成江海。这本书正是记忆的整合、理念的碰撞、灵感的源泉。其中包括教学实践与课题研究过程的经验总结、对课程资源开发的深入探讨、新颖巧妙的教学设计、答疑解惑的教学随笔、细微缜密的教学反思等，真可谓论点各异、论据充足、论证得力。繁星点点中均展现出新、老教师的思考与探索、智慧与思想，孕育着教师们新课程改革的动力与方向。

真切期待《中学生物学课堂教学研究》能为黔南民族地区中学生物学的理论与实验教学提供参考，让其蕴藏的巨大潜力，给新课程改革带来勃勃生机。在今后长远的教学研究中，使这其中的许多观点、理论能更进一步得到完善，使之真正成为教师们专业成长中相互交流的理想平台。

教学有法，教无定法。可能我们的思考尚不完善，也许我们的观点还欠深度，本书仅为抛砖引玉，我们诚挚地欢迎您的批评指正，让我们的教育科研之路走得更加通畅。

余彭娜，宋丽莎

2017 年 3 月

目　录

1

【生物与健康研究】

【课程资源开发】

【生物与教学论研究】

【生物与课堂教学】

高中生物教材《基因工程的基本操作程序》章节教学延伸

罗红梅①

（贵州省都匀市第三中学，贵州都匀　550001）

　　现代生物技术发展速度迅猛，生物技术产业在不断拓展和壮大，生物技术产品也开始服务于人们的日常生活。生物技术是一门新兴的学科，它是生物学、现代仪器分析手段和计算机科学、网络技术等相互作用并共同推动的结果。基因工程是现代生物技术的一部分。学习和教学《基因工程的基本操作程序》要求掌握的内容广度和深度都很高，现行的各版中学生物教材颁布实施以来，许多中学生物教学的实施都遇到了挑战。实践是学习和掌握知识最好的手段，但由于基因工程实验要求平台高、投入高等特点，目前我国在中学生物技术实验的开展上仍存在许多困难。本文结合植物基因工程实验的基本操作步骤，对植物基因工程过程进行了总结，以期对中学生物教师教学和学生理解提供参考。

1. 目的基因的获得

　　目的基因的获得，可以选择美国国家生物技术信息中心（NCBI）数据库的基因进行查阅。在查阅的过程中我们可以体会到计算机强大的运算功能，以及网络数据库丰富的内容，认识到计算机科学和网络技术在整个基因工程发展中

──────────

　　① 罗红梅（1983—　），女，中学二级教师，2006 年贵州师范大学本科毕业后从事中学生物教育工作。

起到的平台作用。

目的基因的获得还可以通过设计相应的引物和材料进行聚合酶链式反应（PCR），也可以采用 CODEHOP 方法获取同源基因，甚至采用 OVERLAP 方法桥联获得双功能甚至多功能基因。引物设计要采用专业软件如 Primer、Oligo 以及网络设计，同时还需要 Vector NTI Advance 等软件进行序列对比分析等。设计好引物后通过互联网传输信息到生物技术公司，进行引物合成，获得引物后从植物材料总 DNA 中进行目的基因的扩增，连接到载体，并送样到生物技术公司测序验证目的基因，之后转化到大肠杆菌或农杆菌中，构建成植物表达载体。实验中要充分认识质粒的功能和作用，选择好不同类型功能的质粒，是基因重组酶切、连接、测试和表达等实验步骤中的重要环节。

2. 目的基因的遗传转化

遗传转化要选择好受体植物材料，同时开展前期的组织培养工作，摸索再生体系过程中愈伤组织诱导、分化和生根等技术；也可以采用种子中的胚作为受体材料开展实验。在侵染之前还要对植物愈伤和分化组织进行抗生素试敏试验，分析出抗生素的临界浓度，有效地促进和筛选植株遗传转化。为了提高遗传转化效率，还需实验分析侵染菌种、菌液浓度和侵染时间等对遗传转化的影响，获取遗传转化的优化方案，得到转基因植株，并开展大规模繁殖，服务于农业生产。

3. 转基因植株的鉴定

由于实验工程的复杂性，目的基因遗传转化是否成功还需进一步的实验验证。通常采用的有 GFP 或 GUS 染色与显微镜观察法，以及 DNA、RNA、蛋白印迹杂交方法，甚至是目的功能及其产物的酶活性检测。显色方法采用染色剂和显微照相设备，印迹方法除设计探针外还需特殊的杂交仪等，目的基因表达酶活性或相关产物检测需要常规的植物生理生化方法和植物化学成分提取、分析方法，实验设备要求除常规实验仪器外，还要有气相色谱、液相色谱以及 GC－MS 等高端检测设备。

4. 实验设备、设施要求

植物基因工程实验室所需常规设备有计算机、低温冰箱、PCR 仪、离心机、超净工作台、电泳仪和电泳槽、移液器、凝胶成像系统以及不同要求的试剂盒、药品、低值易耗管件、枪头等。另外还需配备人工气候植物培养室、植物组织培养室等。

植物基因工程这门学科,涉及的专有名词和实验中的很多术语是不能简要表述的,有的仍沿用国际化的英文表述,所以要想深入了解和掌握仍需深入查阅相关前沿资料。

本文仅对植物基因工程实验过程和原理进行简单常规描述(参考附表),且因实验研究对象、研究目的和手段各异,实验内容多样化,希望大家在教学和学习实践中选择具有代表性的实验案例,并借助实验平台和网络资源平台促进实验实践,以获得更好的教学效果。

附表:植物基因工程实验步骤和相关要求

内　容	操作过程和步骤		所需设施设备及要求
目的基因获得	基因获得及功能分析	资料查询	计算机、互联网
		引物设计、合成	引物设计相关软件;生物技术公司合成
		PCR	PCR 仪
	表达载体构建	连　接	质　粒
		转　化	大肠杆菌、农杆菌
		测　序	生物技术公司分析
遗传转化	再生体系建立		植物组织培养
	抗敏试验		抗生素致死临界值
	侵染试验		侵染菌浓度、侵染时间
转基因植株鉴定	显色反应	GFP, GUS 染色与显微观察	显色剂和显微摄像
	分子鉴定	DNA、RNA、蛋白印迹杂交	引物、合成,PCR
	酶活性或产物检测		常规生化分析或 HPLC 设备检测

中学生物学习方法浅谈

索绍波

(贵州省平塘县第二中学,贵州平塘 558300)

摘 要:本文主要依据多年的从教经验,浅谈如何学习生物学;主要介绍预习、上课、实验和复习等方面的体会,为初学者提供参考。

关键词:预习 上课 实验 复习

1. 背 景

生物课在传统的教学中只是用教师讲学生听的教学方式,教学中的主体完全由教师承担,学生参与不积极,教学效果难以保证。所以,在中学生物课程中实施创新教育,首先必须对传统教学方式进行改革,以科学真理的绝对性和相对性的辩证统一为原则,以培养创新能力、发展综合素质为目标,以发掘良好的教学方法为途径,探讨新的学习形式,来提高学生学习生物学的兴趣。因此,我们必须指导学生掌握科学的学习方法,培养学生良好的学习习惯,提高学生理解、分析问题的能力,从而达到提高成绩的目的。实际上,中学生物课有其自身的科学体系和价值。在生物课教学实践中,许多教师已经大胆地进行了教学的改革,着重对学生的学习方法进行指导,并受到了许多学生的欢迎。

就学习本身而言,一方面是"学",另一方面是"习"。"学"主要包括课前预习、专心上课和及时复习;"习"主要包括自我检测和知识运用(练习、考试、联系实际分析问题等能力)。前者重在知识的理解、记忆,后者重在知识的运用和能力的培养。前者是基础,后者是目的。

2. 浅谈生物学的一般学习方法

2.1 关于预习

预习是无师自通的桥梁,是思维习惯形成的助推器。它能够增加上课的目的性,提高学习的时效性;还能培养自学能力,养成自主学习、自主思考的习惯。预习可分为课前预习和阶段性预习,粗预习和精预习。要想搞好预习首先要做好笔记,并在书上做出眉批,在笔记本上列出提纲和写出听课要注意的问题,养成不动笔墨不读书的好习惯。其次要使用一些常用符号(如 △、☆、*等),以达到在学习和复习中提醒自己注意的目的,便于向老师提问或者避免遗漏知识和犯同样的错误。再次,要勤思善想。预习的关键要善于想,即发现问题和提出问题,如"新旧课之间有什么关系""和过去的什么知识类似""能阐释哪些热点问题"等,这一过程有利于培养学生的思维品质。最后要持之以恒,搞好预习还必须有决心、恒心和自信心。要把"课前预习"这个起始阶段搞得深入、扎实,使之在整个学习过程的良性循环中起到基础性的作用。当然,学习不是一蹴而就的,还需要坚持一段时间才能见到效果。

2.2 关于上课

上好课是学习的重要阶段,是提高成绩和培养能力的关键。上课最重要的是"专心"。"心"专在哪里?一般来说专在看(书、黑板、屏幕),听(老师讲解难点、重点和同学们的发言),积极参与(积极动脑与老师形成零距离互动,你预习时确定的听课重点与老师的讲解结合起来)。看、听、参与等方式各有所不同,但共同的东西是都必须动脑,这是贯穿整个上课过程的一条主线,也是衡量专心不专心的唯一标准。主动思考要求:①注意知识积累;②增加感性材料的储备;③学会一些思维方法(如分析、综合、比较、抽象、具体化等);④将自己置身于教学情境之中。

2.3 关于实验

生物学是一门实验科学。激发了学生的学习兴趣以及求知欲后,如何进一步引导他们去观察、探索?学生可以自己动手做些简易实验,来观察身边的事物和了解某些基本规律。例如讲完叶的蒸腾作用后,让学生自己做一个用塑料袋罩在天竺葵上的实验,启发他们想一想:塑料袋内壁上的水珠是哪里来的? 这是什么作用? 由于学生是带着问题去做的,因此实验时就格外认真,甚至做不成功不罢休,从而培养了学生观察问题和分析问题的能力。

2.4 关于复习

学习具有实践性、个体性、反复性的特点,反复性以及艾宾浩斯遗忘曲线要求在学习过程中应该及时复习。及时复习可以使知识的漏洞得到及时弥补,使学生对知识的理解得到升华,实现对知识的再认识、再提高,特别是使思维的深刻性得以发展。复习包括:及时复习、阶段复习和总复习。进行及时复习,应着重抓好以下环节:

(1)忆:即回忆学习了哪些知识,如本课的重点是什么,教师是如何分析和解决问题的,教学内容的知识网络图,等等,要达到在大脑中像放电影一样能把它再现出来。

(2)读:读书、读笔记,并与回忆的知识进行对照,这样就不仅加深了记忆,而且保证了知识的完整性和系统性。

(3)思:把新知识进行归纳,形成一个小系统,让知识脉络清晰,然后纳入到所学知识的大系统中,形成一个知识网络或知识坐标。

复习的这几个环节是统一不可分割的,学习中要把它们有机地结合起来,具体问题具体分析,灵活运用,不可孤立地强调一个方面,否则就达不到好的学习效果。当然要想学好中学生物课,除了掌握上述一般的方法以外,最重要的一点还是要养成好的学习习惯。

培根说:"习惯真是一种顽强而巨大的力量,它可以主宰人的一生,因此,人从幼年起就应该通过教育培养一种良好的习惯。"英国哲学家艾蒙斯说:"习惯要不是最好的仆人,便是最坏的主人。"可见习惯有好坏之分,好习惯会使人获得成功和幸福,坏习惯会导致人生的失败与不幸。因为好的习惯是成功的捷径,坏的习惯却将人带入歧途。因此,我们有理由相信只要按照学习生物课的一般方法和培养良好的学习生物课的习惯并持之以恒,就一定能够从这种好习惯上获取源源不断的动力和精神财富。在好的学习方法的指引下,在学海中扬帆起航,到达成功的彼岸。

课堂评价
在生物课堂教学中的地位与作用

肖俊华①

（贵州省福泉市陆坪中学,贵州福泉　550504）

摘　要:生物新课程评价关注学生的全面发展。不仅关注学生知识和技能的获取情况,更关注学生学习的过程、方法以及相关的情感态度和价值观等方面的发展。培养学生能力,促进学生学习发展的主阵地在课堂。作为课堂教学重要组成部分的课堂评价,对反映学生学习的成果及进一步激励学生学习的兴趣,全面了解学生学习的过程,帮助学生认识自我,树立信心,具有十分重要的地位与作用。

关键词:课堂评价　生物课堂教学　地位　作用

1. 背　景

在《生物课程标准》中明确提出的基本理念是:注意全体学生的发展,改变学科本位观念;注重科学探究,提倡学习方式的多样性。在构建的评价体系中特别指出,生物课程应该改变单一的甄别和选拔为目的的评价体系,注重过程评价与结果评价相结合,构建多元性、发展性的评价体系,以促进学生素质的全面发展。

生物新课程评价关注学生的全面发展。不仅关注学生知识和技能的获取情况,更关注学生学习的过程、方法以及相关的情感态度和价值观等方面的发

---

① 肖俊华(1967—　　),男,贵州福泉人,中学高级教师。

展。培养学生能力,促进学生学习发展的主阵地在课堂。作为课堂教学重要组成部分的课堂评价,对反映学生学习的成果及进一步激励学生学习的兴趣,全面了解学生学习的历程,帮助学生认识自我,树立信心,具有十分重要的地位与作用。

生物课堂评价是指生物课堂教学中,教师根据学生在教学活动中的认知能力和动能过程中所表现出来的情况做出的一种性质判断。这里的认知能力是指学生在生物课堂中学习目的的明确度,是否主动参与和感悟。动力过程是指在教师组织教学过程中,学生能表现出来的学习能力、学习激情、学习效力等启动运转的呈现过程。客观、全面、有效地进行课堂评价,对提高课堂教学效率,培养学生能力,激励学生主动、健康、全面、和谐地发展作用巨大。如果在教学过程中,生物课堂评价没有得到有效的规范,随意评价,就会有意或无意地抑制学生学习的主动性和积极性。

2.课堂评价在生物课堂教学中的作用

2.1 体现评价主体及方式的多元性

新课程标准下的教学是以学生为主体,以教师为主导的教学活动。

在生物课堂教学中应注意评价主体的多元性,针对学生的发言和个人展示,教师在评价的同时,还应开展学生自评、学生互评等活动。其次,评价的角度要多元化,既要评价学生三维目标的构建、智力因素的开发,又要注意评价学生对知识的学习和方法的获得。同时,还要帮助学生丰富认识评价信息的意义,引导学生形成客观地认识问题和解决问题的能力,认识自我,接纳认同正确的评价结果。评价还应注意情感的发展,针对不同学生的思想及心理素质,因材施教,采取不同的评价手段。

2.2 发挥评价的激励作用

发挥评价的激励作用,激发学生的学习兴趣。

学生学习的过程,是一个动力支持的过程。主动发展的学生首先具备发展的动力,表现为"爱学",学习积极主动,这对于促进学生学习能力的形成、智力的发展有着非常重要的意义。因此,在生物课堂教学中,教师应该把调动学生内在驱动力放在首位,培养学生较高的学习动机,激发学生浓厚的学习兴趣,培养良好的学习习惯和顽强的意志品质。

课堂上首先要解决学生学习动力的启动问题。教师要以饱满的热情、真诚的微笑进入课堂,教师情感可以感染学生,促进学生进入良好的情绪状态。

教师要相信每一个学生都是有能力的人,乐于挖掘每一个学生的优势和潜能。学生积极认知时,教师要善于察言观色,适时肯定学生的认知态度和过程,根据需要予以真诚的赞赏;学生认知遭到困难和挫折时,教师要亲近、微笑、点头予以鼓励,培养学生良好认知心理和学习毅力;当学生安静或等待回答时,教师要以欣赏的态度关注他们的进入状态,并予以积极的鼓励;学生回答问题正确时,教师要积极地给予强化,以点头、微笑、赞叹来肯定,并重复和简述学生的正确答案;学生的回答与正确答案有出入时,教师应该肯定学生所做出的努力,委婉地指出学生存在的问题,鼓励学生继续努力,并积极进行引导,不能指责和批评,更不能戏弄甚至讥讽学生。在生物课堂教学过程中,教师要善于发现和寻找学生学习上的闪光点,肯定学生的学习成果,鼓励学生,把学生引入一个想学、爱学的天地,使学生养成良好的学习意志品质。这样的生物课才是学生学习的天堂。

2.3 发挥评价的校正作用

发挥评价的校正作用,关注知识体系的形成过程。

在生物教学过程中,学生的学习过程是一个认知、完善、发展并不断循环提高的过程。在这个过程中教师始终处于监控、诊断、校正状况。因此,教师要和谐、冷静、机敏地对待过程中的每一个细节。

在教学活动中,教师设置任务时必须考虑到学生完成任务的过程性,对布置的任务必须精心设计,优化导入,而不提出无价值、难以体现思维过程性的问题。

当学生完成某一任务而有成就感时,教师不能毫无反应或只是草率地对待,而应该以亲近、微笑的表情或言语表示肯定。让学生回答问题时,教师不应只是凭印象让自己认为成绩好的学生回答,而应该照顾到每一位学生。对于回答较好的学生,可以要求让学生展示其思维过程,然后再对这个过程进行的评价,对学生完成任务的方法和技巧予以指点,肯定学生的想法或观点,也要客观地指出不足,然后与学生一起分析、判断、校正,以便学生取得进步。比如好在什么地方？如何好？哪些地方存在问题？存在的问题是什么？哪些地方有待提高？怎样处理会更好？肯定学生的思维角度、思维方式和思考过程，形成良好的思维能力，对生物课堂教学至关重要，对学生的发展也大有裨益。

2.4 发挥评价的发展作用

发挥评价的发展作用，关注学生的个性差异。

生物课堂教学难免会遇到现实问题，比如如何对待"学困生"。美国的心理学家加德纳提出的"多元智力理论"认为：人的智能由九种智力构成，每个人都同时拥有这九种智力，只是这九种智力在每个人身上的体现形式不同，使得每个人的智力都具有特色。因此，世界上并不存在谁聪明谁不聪明的问题，而是存在哪一方面聪明以及怎样聪明的问题。即学校里没有所谓的"差生"的存在，每个学生都是独特的，也是出色的。根据这个理论，生物课堂教学中，要乐于对所谓的"学困生"报以积极、热情的期望，接纳学生并积极努力寻找和发现学生身上的闪光点，发现并发展学生的潜能。针对学生个体间发展的差异性和个体内发展的不均衡性，在生物教学中，要主动地为每一个学生设计"因材施教"的方法，以配合其智力组合的特点，促进其优势才能的展示，引导学生有意识地将优势领域的智力特点和意志品质迁移到弱势领域中去。在生物课堂教学中随时根据不同类型学生的特点，提出适当合乎不同学生回答的最能挖掘他们潜能的问题来进行多维评价。在鼓励赞赏的同时，应注意评价的客观性。既要肯定学生的成功与进步，又要及时鲜明地指出学生存在的不足和错误，以利于学生能清醒地正视自己、完善自己，促进自身的发展。

总之，规范生物课堂评价是一项复杂而又艰辛的工作，需要生物教师认真理解和努力实践新课程改革中所提倡的学生评价，把生物课堂教学和生物教学评价有机结合起来，充分发挥和发掘学生的学习潜能，充分体现学生在学习中的主体地位。这样的生物课堂才充满生命力，才能在课堂这个主阵地上培养和造就出适合时代发展的创新型人才。

浅谈课改理念下的观课与议课

肖俊华

（贵州省福泉市陆坪中学,贵州福泉　550504）

摘　要:阐述观课议课与听课评课的区别,探索观课议课的途径、基本要求流程与环节、注意事项及教学反思。

关键词:观课　议课　评课　方法

1. 背　景

多年来,教师的教研活动多数是以听课、评课为主要方式。教师去听课的目的有两种,一是完成听课任务,二是学习先进的教育教学方式。听完课后,先是上课教师说课,然后听课的领导、教师评课。这种方式存在以下问题:听课教师不理解听课的目的,不分析听课的内容,不清楚研究的问题。在评课过程中存在不同程度的"五化"现象:评课过程化、评课内容表面化、评课结论两极化、评课零散化、评课人情化。

在新一轮基础教育课程改革(简称课改)的背景下,教师要尽快赶上课改的步伐,顺应课改潮流,更新教育教学观念,在这其中观课议课也要随之改变。曾经有人提出"用观课议课取代听课评课"的说法,对此本人不太赞成。"万物并育而不相害,道并行而不相悖","听课评课"与"观课议课"并非一种非此即彼的关系,犹如钢笔与粉笔,各有各的表现力,各有各的使用场所。评课适合用在需要对课堂教学做出评价、分出等第的时候。比如:学校发放绩效工资、评优评先、职称晋升等,都要和课堂教学水平挂钩,需要对课的水平通过"评"的方式分出等第;另外,优质课竞赛涉及选人和判断人,评课也是一种合适的方式。所以,评课不会消失,也不会被取代。在此,我就观课议课的方式途径谈谈自己的看法,与大家共勉。

2. 观课议课的方式途径

2.1 观课议课与听课评课比较

"词的变化就是文化的变化和灵魂的变化"。因此,从听课评课到观课议课不只是换了一个词语。

2.1.1 "听"与"观"

"听"指向声音,对象是师生在教学活动中的语言往来。"观"强调用多种感官收集课堂信息,在多种感官中,"眼睛是心灵的窗户",通过眼睛的观察,师生的语言和行动,课堂的情境与故事,师生的状态与精神都将成为感受的对象。观课追求用心灵感受课堂,体悟课堂。

2.1.2 "评"与"议"

"评"是对课的好坏下结论,进行判断。"议"不是为了下结论,它是围绕观课所收集的课堂信息提出问题,发表意见。"议"是对话和反思,议课谋求的是课堂教学的改进和教师专业素质的发展。"课"是交流和探讨的平台。如果说评课是把教师看成等待帮助的客体的话,议课则是把教师培养成具有批判精神的思想者和行动者,帮助他们实现自身的职业价值。

2.1.3 "观课"与"议课"

(1)观课:首先是观察课堂行为和课堂现象。如生物实验课,观察教师示范操作、学生分组操作、合作探究、分组讨论、表达交流、学生提问、实验现象和课堂纪律情况等过程。

(2)议课:教师的教学行为(如讲解、提问、手势、表情)总是包含着一定的教育意蕴,寄托了一定的教育理想,反映了上课者的教育理念,而"意蕴、理想、理念"仅靠观察是远远不够的,需要诠释和理解,需要讨论和对话。这个过程是议的过程,揭示意蕴、理想等就是议的目标和任务。议课是改进课堂教学,促进教师专业发展的一种教师研修活动。其主要活动包括现象观察,考察课堂教学中的人、事和环境之间的联系,提示教学行为意义,规划课堂改革行动。

(3)观课与议课:观课与议课是参与者相互提供教学信息,共同收集和感受课堂信息,在充分拥有信息的基础上,围绕共同关心的问题进行对话和反思的过程。

(4)观课议课与听课评课:两者各有各的目标追求、适用场所和范围。而观课议课更适用于日常的教研和教师培训活动,学校是最适宜的场所,教师是主体与主角。具有日常性、普遍性,一线教师主体参与是观课议课的主要特点、意义和价值所在。

2.2 观课议课的途径

教师是课堂教学的设计者、实施者和管理者,是学生学习活动的引导者、组织者和帮助者。改进课堂教学需要增强教师的职业素质,发展课堂需要发展教师的职业能力。观课议课可通过以下途径促进教师的专业发展。

2.2.1 建立观念—行为——效果之间的联系

听课评课讨论教师的教学行为,对教学行为的前后联系很少提出建议,很难实现教师的真正发展和改变。观课议课从教和学的行为入手,帮助教师认识教育观念、教学设计,以及教的行为、学的行为、学的效果之间的联系,帮助教师积累教学经验,促进教师改进教学。观课是建立初步联系的过程,而议课是建立深入联系的过程。

2.2.2 议出更多的教学思路和方法

议课既要认识已有的教学思路和关联,更要关注探讨教学方面新的和潜在的发展可能。议课的任务不是追求单一的权威性建议,而是讨论和揭示更多的教学发展可能以及实现这些可能的条件和限制。议课的过程,是参与者不断拓宽视野、不断开阔思路的过程。

2.2.3 促进对日常教学行为的反思

波斯纳曾提出过一个教师成长的简要公式:经验 + 反思 = 成长,并指出没有反思的经验是狭隘的经验,至多只能形成肤浅的知识,如果教师仅仅满足于获得经验而不对经验进行深入的思考,那么他的发展会大受限制。波斯纳的教师成长公式揭示了反思对于教师成长的重要意义。

从时间上看,反思包括:①课前反思;②课中反思;③课后反思。一般来说,围绕课堂的反思程序是:首先,教师通过"实践中的反思"(课中反思),来观察所发生的行为,就好像自己是局外人,以此来理解自己的行为。课堂教学结束以后,教师进行"对实践的反思"(课后反思)。课中反思和课后反思的成果将成为下一次"为实践反思"(课前反思)的基础。

2.3 观课议课的基本要求

2.3.1 以学考查教

即把学生的学习活动和状态作为观课议课的焦点,以学的方式讨论教的方式,以学的状态讨论教的状态,以学的质量讨论教的水平和质量,通过学生的学来映射和观察教师的教——以学考查教,以学改进教。观课的焦点是从教师身上转移到学生身上,关注重心从关注教学活动转移到关注学习状况,从关注教育过程转移到关注课堂情境(从预设到生成)。议课时由"我认为……"转变为"我注意到……""我发现……"等,这是议课的主要话语结构。观课的位置要求以学论教,需要观课者选取可以直接了解和认识学生学习活动、精神状态的观察位置——要坐到学生中间去。

2.3.2 直面问题的策略

直面问题既是观课议课取得实效的前提,又是推进观课议课的困难所在。一方面,上课者不要介意暴露自己的不足,也不能害怕别人对自己的教学问题进行讨论;另一方面,议课的过程是找问题的过程,大家都应该围绕问题和困惑来展开讨论,而不是仅仅一味观课议课不下结论,应对事不对人。更值得注意的是发展问题,不是发现错误。

2.3.3 平等对话的策略

平等对待彼此;尊重和创造多样性;共同创新课堂。

2.3.4 不要让自己太轻松

多关注他为什么这样教? 他的目的是什么? 如果是我怎样教? 从中我能学到什么?

2.4 观课议课的环节与流程

2.4.1 协商主题

观课前的对话与交流,目的是集中观察,充分讨论。上课教师提前一天告诉观课者,有什么问题想和大家议,需要别人观什么、议什么等。观课教师可以根据主题分工观察。

2.4.2 观察分析

观课中的任务和要求是议课中不说老师,只说学生,所以观课时要坐到学生中间去,观察学生,与学生交流,与学生做朋友。

2.4.3 平等对话是议课质量的前提和保障

议课中的话语结构很重要,以商议的口气说,如"刚才我注意到……""你是怎样想的"。所有人的发言都要精心准备,讨论预先商定的问题。

2.4.4 规划改进是观课议课的目标与效果

议课是打逗号、打问号,也可以议出新问题,然后去研究。议课的连续性、应用性是保证观课议课效果的关键。

2.5 观课议课活动的注意事项

观课议课不要只说空话、套话,应从以下几个方面发现问题:

(1)坐到学生中间去。

(2)议课教师应时刻关注教学、课堂、学生,不做旁观者。

(3)思考:如果是我,将怎样处理?

(4)我想知道什么?

(5)观课议课的视角问题:人和文本之间的关系,不轻信课本。

(6)议课时问题泛化怎么办?

答:①议课教师备课,事先沟通,达成共识,关注预设问题;②关注学生的学习,关注课堂上的生成问题;③主持人控制;④最后说其他问题。

(7)议课时不伤害教师,平等交流,直面问题,追求发展。

(8)不要让计算机成为绊脚石,课件不能喧宾夺主。

(9)上课教师眼睛不看评委、听课教师,只看学生。

(10)观课议课不是万能的。

3. 教学反思

新一轮课改理念下,观课议课跳出了传统的听课评课模式,由对一堂课的终结性评价过渡到对一堂课的发展性评价。观课议课是提高教师水平的一个良好举措,对于教师的成长是非常有利的,使教师在不断反思、不断总结中走上专业化成长的道路。议课不是下结论,不是单纯地使听课者把自己的想法说出来,而是解决问题,不断地对所提问题进行质疑,并且关注解疑问难的过程。观课议课时要围绕某一问题,集中话题,关注焦点,还要注意总结经验,提出对某一问题的解决方案。调动所有观课教师的积极性,把观课议课活动作为提高自己成长的有效途径,要融入他人的教学中去,在观课中分身出来,在他人案例中反思、借鉴、感悟、提升。议课是一种平等的对话,观课议课人与主讲者处于一种独立而平等的对话关系,大家敞开胸怀,共同探讨,共享资源。观课议课者既要肯定上课教师的成功做法,又提出合理化的教学建议,满足上课教师的成就感和奉献感,更重要的是共同解决教学活动中需要解决的问题,以提高教育教学水平。

总而言之,教育是慢的艺术,不能急功近利。谁也不能点石成金,议课仅是帮您打开一扇窗户。

【生物与实验教学】

"观察叶绿体和线粒体"实验的分层递进设计

黄 丹 宋丽莎

(黔南民族师范学院生物科学与农学院,贵州都匀 558000)

摘 要:在基础教育深化改革的同时,培养学生综合素质和实验技能的实验教学改革势在必行,生物学课程理念创新是实验教学改革的驱动力。本文运用生物学实验教学的变式——多方案发散变式,尝试对"观察叶绿体和线粒体"实验进行分层递进设计,面向全体学生,达成课程目标和教学要求。

关键词:生物学实验 多方案发散 分层递进

"用高倍显微镜观察叶绿体和线粒体"是人教版高中生物必修一的实验内容,高中生物课程标准中的"举例说出几种细胞器的结构和功能"也提出了"观察线粒体和叶绿体"的活动建议。课程标准内容作为对学生提出的最基础要求,若教师仅局限于忠实课程取向,遵循课程标准机械地对学生传授知识、训练技能,生物学实验教学可能无法满足多数学生求知好学的心理,甚至由于形式单一而不为学生喜爱。为解决多数学生"吃不饱"的问题,培养学生生物学实验的兴趣,可以课程标准为导向,对"用高倍显微镜观察叶绿体和线粒体"实验内容进行多方案发散设计,让全体学生在自主选择的基础上有所发展,分层递进训练学生的实验操作技能,以期达到提高学生实验技能和培养学生科学思维的目的。

1. 对实验内容分层递进设计的可行性分析

"用高倍显微镜观察叶绿体和线粒体"是观察细胞内亚显微结构以验证课标知识点的实验。实验原理简明易懂,课本中的操作相对简单,学生需要掌握临时装片的制作、染色、显微观察等生物实验技能。完成此实验对于多数学生来说游刃有余。为更好地在实验中激发学生动手探究生物奥秘的兴趣,增强学生学习的自信心,逐步培养学生实验设计与操作的能力,对此实验内容进行多方案发散设计将能起到促进作用。根据学生存在的个体差异,把实验内容分为A、B、C三个水平,以适应低、中、高水平学生的需要。教学面向全体学生,保证所有学生在此实验过程中均有收获。

2. 分层递进实验教学的基本理念

基础教育生物学课程的理念创新,倡导"课程是学习的经验"的体验式课程观,倡导"学生是发展的人"的人本主义学生观,倡导"教师是课程的组成部分及创造者"的新型教师观,倡导"教学是课程的创生与开发过程"的生成教学观。分层递进教学是一种既适应班级内个别差异又在大班额条件下有较好效果的教学组织形式。它着眼关注每一个学生的需要,使全体学生在原有的基础上有所发展,体现了生物学课程理念的创新。在班级内根据学生的实际开展分层递进教学,要求教师在教学中遵循因材施教原则,在同一个课堂上针对不同的学生提供不同内容和不同形式的教学。不同学生区别对待,灵活运用个别辅导、能力分组和集体讲授等形式开展教学,体现教学目标和教学活动的层次性,教学面向全体学生。

分层递进教学的实施要求教学目标、教学内容和教学方式的设计要具体多样,尽量贴近学生的"学习区",要求教师正确认识和准确划分学生的类型层次,指导学生自我定位并自主选择适合个人的教学活动,以便获得成功与进步的体验,不断强化发展的信心和动力。基于以上理念,对"用高倍显微镜观察叶绿体和线粒体"实验进行改进,构建适合全体学生的实验方案。

3. 多方案的实验内容设计

3.1 实验目标分析

人教版课本中简明指出本实验的目的要求为"使用高倍显微镜观察叶绿体、线粒体的形态和分布"。在目标单一的基础上,根据学生的真实水平和学习需求,设置三个水平的知识能力目标:

A——水平目标针对低水平学生设置,要求学生分别用一种材料验证性观察叶绿体和线粒体。

B——水平目标针对中等水平学生设置,要求学生在教师提供的材料中探究最适合的观察材料。

C——水平目标针对高水平学生设置,要求学生根据教师提供的影响因素,自主选择并设计探究方案以完成探究性实验。

三个水平的目标分别从验证→比较→探究的层面依次递进,通过异质分组循序渐进实现知识和能力的提升,同时在实验中培养学生的合作精神和科学探究的思维。

3.2 分层实验活动方案

根据实验目标的重设与分层,在研究相关实验成果的基础上,提出适合低、中、高水平学生学习的实验方案 A、B、C。

3.2.1 观察叶绿体

方案 A:以黑藻叶片为实验材料,制作临时装片,在高倍显微镜下观察叶绿体的形态和分布。

方案 B:分别以黑藻叶片、菠菜叶和洋葱鳞茎内表皮为实验材料,制作临时装片,在高倍显微镜下观察叶绿体的形态和分布,并比较观察效果。

方案 C:从 B 中选择最佳材料,设计实验方案探究温度或光照(二选一)对细胞质流速的影响。

3.2.2 观察线粒体

方案 A:以人口腔上皮细胞为实验材料,制作临时装片,染色后在高倍显微镜下观察线粒体的形态和分布。

方案 B:分别以人口腔上皮细胞、新鲜猪肝和洋葱鳞茎内表皮为实验材料,制作临时装片,染色后在高倍显微镜下观察线粒体的形态和分布,并比较观察效果。

方案 C:从方案 B 中选择最佳材料,设计实验方案探究染色时间或染液浓度(二选一)对观察效果的影响。

4. 实验教学过程的组织

4.1 实验原理

植物茎叶细胞中的叶绿体,散布于细胞质中,呈绿色、扁平的椭球形或球形。可在高倍显微镜下观察叶绿体的形态和分布,其运动状态反映了细胞的活性以及细胞质的流动情况。温度和光照强度是影响叶绿体分布和运动的环境因素。

线粒体普遍存在于植物细胞和动物细胞中,形态多样,有短棒状、圆球状、线形、哑铃形等。健那绿(Janus green B)染液常用作线粒体专一性活体染色剂,使活细胞中的线粒体呈蓝绿色,细胞质接近无色。线粒体能在健那绿染液中维持活性数小时,通过染色,可在高倍显微镜下观察到线粒体的形态和分布。染色时间对观察效果有影响。

4.2 实验小组的建立

围绕分组时体现"互补互助、协调和谐、异质搭配"的原则,采用"121"分组模式,即在 4 人一组的成员结构中,1 人处于高水平,2 人中等水平,1 人低水平。低水平组员主持 A 方案实验内容,中等水平组员主持 B 方案实验内容,高水平组员主持 C 方案实验内容。组员之间相互合作、相互评价,甚至相互学习、相互监督,以完成实验活动方案。

4.3 实验教学的实施

4.3.1 理解实验原理

在实验课前,教师根据"121"分组模式对全班学生进行分组,布置预习任务,同时播放人教版的实验视频向学生演示基本的实验过程,加强学生对实验原理及实验操作的理解。

4.3.2 实施实验方案

在实验课开始时,教师首先明确实验目标,根据实验方案向各组学生分配实验任务,发放实验指导材料。各组根据以下流程开展实验。

(1)在低水平学生和中等水平学生分别制作临时装片的同时,高水平学生选择影响因素、设计探究方案,以提高时间利用率。

(2)中低水平学生把装片置于显微镜下观察,记录实验现象。观察线粒体时记得要先染色再观察。高水平学生进一步设计和完善探究方案。

(3)高水平学生根据中低水平学生的实验结果,设置对照并控制影响因素的差异梯度,组织小组成员完成探究实验,得出实验结论。

4.3.3 交流讨论

组员之间相互交流各方案的实验结果,讨论实验成败的原因,低、中、高水平学生分别陈述个人的实验方案结果,选出代表向全班展示本组实验结论,同时撰写实验报告。

4.4 实验评价

本实验建议采用表现性评价,对学生在完成任务过程中的认知、情感、技能和学习成果等方面进行实际考查。根据高中生物课程标准,编制相应的表现性评价量表进行评价(附件1、附件2)。评价过程采用自评和他评,他评主要由小组成员完成。实验评价量表在正式实验时发放给学生每人一份,学生根据个人的实验方案参阅评价项目并自评或邀请组员进行他评。评价要点可作为有效的教学工具,用于学生实验操作和行为的指导。学生的最终得分 = 自评分 × 30% + 他评分 × 70%。

5. 教学建议

由于实验内容的扩展,建议实验安排2个课时进行,第1课时完成"观察叶绿体"实验,第2课时完成"观察线粒体"实验。如果高水平学生未能当堂设计出探究方案,建议教师在课前就把实验方案告知学生,让学生有更充分的时间准备。

教师在课前进行实验分组,在遵循自愿的基础上,综合学生的学习基础、能力、特长、性别等因素,把学生编成"121"四人小组。

在实验课堂教学中,教师要转变观念,由传统的知识传授者、学生学习的控制者,向学生学习的指导者、组织者、合作者、帮助者等转变,以便更好地发挥学生学习的主体性和能动性。

此外,教师在实验结束后要善于批评与反思,为下一次生物学实验教学的重建提供有意义的参考和建议。

参考文献

[1] 王永胜.生物新课程教学设计与案例[M].北京:高等教育出版社,2003:10-11.

[2] 徐作英,王重力.中学生物学实验教学论[M].北京:北京师范大学出版社,2009:90-92.

[3] 柯波,杨芳艳."用高倍显微镜观察叶绿体和细胞质流动"实验的设计[J].生物学教学,2006(1):53-54.

[4] 肖义军,俞如旺.用高倍显微镜观察线粒体的建议[J].生物学教学,2011(2):60.

附件1:"观察叶绿体"实验评价量表

班级：　　　学生姓名：　　　主持方案：　　　第（　）组

评价项目		评价要点及标准	分值（分）	自评（分）	他评（分）
预　习		能说出实验原理	10		
实验操作	制作临时装片	①清洁:用酒精清洗载玻片、盖玻片上痕迹,用清水清洗晾干	5		
		②滴:在洁净的载玻片中央滴1滴清水	5		
		③取(a、b、c选做): a.用镊子取一片黑藻的小叶 b.正确撕取菠菜叶稍带叶肉的下表皮 c.正确撕取洋葱鳞茎内表皮	10		
		④展:将材料放入水滴中,展平	5		
		⑤盖:正确盖上盖玻片,减少气泡形成	5		
	低倍镜观察	①右手握镜臂,左手托镜座;安放在实验台左侧,距实验台边缘7 cm左右;安装物镜、目镜,择低倍镜对准通光孔;对光	10		
		②把临时装片的材料置于通光孔正中,用压片夹夹住装片	5		
		③展:把牙签上附有碎屑的一端放在染液中涂抹几下,或者将撕取的材料放入染液中,展平	10		
	高倍镜观察	①转动转换器,换用高倍镜	5		
		②调节细准焦螺旋直至物象清晰为止	10		
		③实验中临时装片的材料要保持有水的状态	5		
	记　录	绘制生物图,用文字如实记录观察到的现象和效果	15		
（合计）最终得分：					
设计探究方案		（提出问题→做出假设→制定方案→实施方案→分析总结→交流总结） （选　做）			（评　语）

附件2:"观察线粒体"实验评价量表

班级:　　　　学生姓名:　　　　主持方案:　　　　第(　)组

评价项目		评价要点及标准	分值(分)	自评(分)	他评(分)
预　习		能说出实验原理	10		
实验操作	制作临时装片	①清洁:用酒精清洗载玻片、盖玻片上痕迹,用清水清洗晾干	5		
		②滴:在洁净的载玻片中央滴1滴清水	5		
		③取(a、b、c选做): a.用消毒牙签在漱净的口腔内侧壁上轻轻刮几下 b.用消毒牙签在新鲜猪肝上轻刮几下 c.用镊子撕取洋葱鳞茎内表皮	10		
		④盖:正确盖上盖玻片,减少气泡形成	5		
		⑤(选做):根据方案染色时间等候,保证染液不干,后用吸水纸沿盖玻片边缘吸取多余染液	5		
	低倍镜观察	①右手握镜臂,左手托镜座;安放在实验台左侧,距实验台边缘7 cm左右;安装物镜、目镜,择低倍镜对准通光孔;对光	10		
		②把临时装片的材料置于通光孔正中,用压片夹夹住装片	5		
		③左眼看目镜,右眼睁开,调节粗准焦螺旋,缓慢上升镜筒,直至在视野中清晰看到观察目标	10		
	高倍镜观察	①转动转换器,换用高倍镜	5		
		②调节细准焦螺旋直至物象清晰为止	10		
	记　录	绘制生物图,用文字如实记录观察到的现象和效果	15		
(合计)最终得分:					
设计探究方案		(提出问题→做出假设→制定方案→实施方案→分析总结→交流总结)			(评　语)
					(选　做)

分泌蛋白运输途径的教具制作及演示教学

余彭娜　冯晓珍

（黔南民族师范学院生物科学与农学院,贵州都匀　558000）

分泌蛋白的运输途径,是高中生物《细胞的物质代谢》一章中的重点,因其概念抽象、过程动态复杂通常也是表达的难点,而采用自制模型进行直观演示教学的效果较好。本文介绍其有关方法。

1. 模型教具的制作

1.1 底板的制作

在一块包裹棕色卡纸的方形木板上,钻一条孔作为分泌蛋白的运输轨道(见图1),并在合适位置画一条弧线表示细胞膜(见图2、图4、图5)。

1.2 细胞核的制作

将塑料泡沫剪成一个圆形,外包较薄的粉红色泡沫作为细胞核(见图1、图4)。

1.3 内质网的制作

(1)粗面内质网。将蓝色卡纸裁成宽约50 cm的长条,用双面胶将长条连起来(约1.5 m),折成类似内腔连续相通的膜性管道系统。同时,表面画上黑色小点代表附着的核糖体(见图1、图4)。

(2)滑面内质网。将蓝色卡纸剪成大小适中的多个长方形纸条,再用双面胶分别将各纸条的两边粘在一起,制成五六个长度、宽度不同的筒状结构,堆叠在一起(见图1)。

图1

1.4 高尔基体的制作

用黄色吹塑纸剪成大小适中的长条,用双面胶将长条纸两头粘在一起形成大小不同的圆环,再用剪成一定宽度的弧线吹塑纸将圆环垂直定型为中底部有一凹槽的椭圆环状,5~8个拼在一起并垂直固定在纸板上方,使各凹槽对齐形成一连续通道并与纸板上作为分泌蛋白运输轨道的有孔部位相互对应,制成类似于大小不同囊状结构的部分高尔基体(见图2)。朝向细胞核一面的为形成面,朝向细胞膜一面的为成熟面,用黄色吹塑纸剪两个小圆粘在形成面附近,表示来自于粗面内质网的分泌小泡,两个大圆粘在成熟面附近,表示来自于高尔基体的分泌大泡(见图2)。

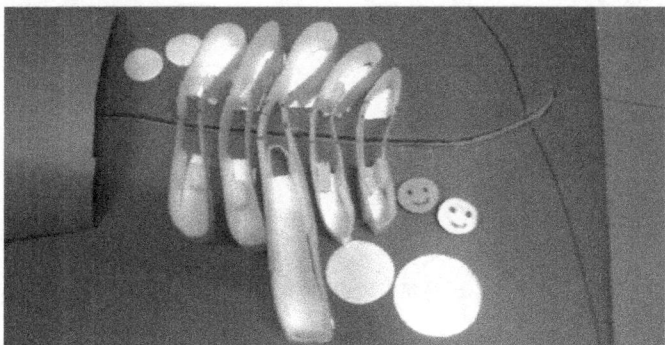

图2

1.5 分泌蛋白的制作

将一根钢丝穿过矿泉水瓶盖,在多个这样的瓶盖上分别粘上不同颜色的吹塑纸并画成笑脸,不同颜色的笑脸分别代表不同加工时期的分泌蛋白。蓝色笑脸表示来自于附着核糖体的分泌蛋白,白色笑脸表示来自于内质网的分泌蛋白,黄色笑脸表示来自于高尔基体的分泌蛋白(见图3)。

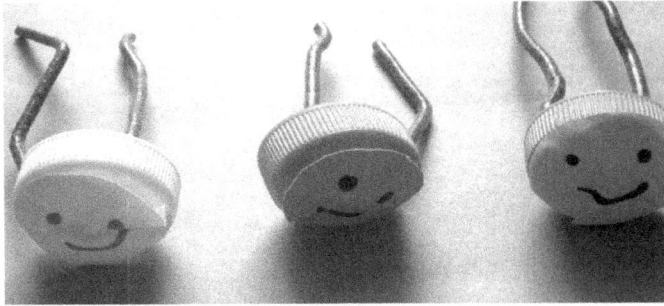

图3

1.6 溶酶体和分泌颗粒制作

将粉红色和黄色吹塑纸剪成圆形笑脸,用双面胶粘在高尔基体成熟面附近表示溶酶体和分泌颗粒(见图4)。

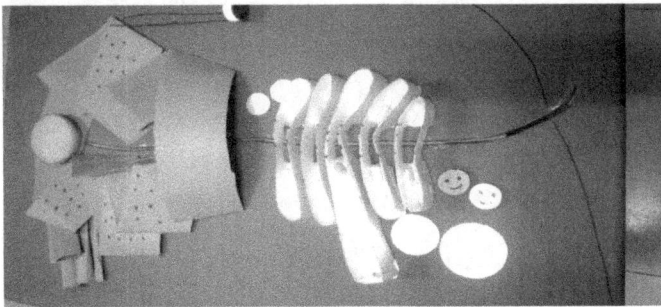

图4

2.教学过程及方法

2.1 理论指导

首先由学生自学或由教师讲授分泌蛋白运输途径的部分内容,重点提出基本概念,如核糖体、内质网、高尔基体等的结构和功能特点等。

2.2 演示方法

动态模拟过程:模拟之前将不同笑脸的钢丝插入钻成孔的作为分泌蛋白运输轨道的相应位置上(白色笑脸置于粗面内质网附近,蓝色笑脸隐藏于靠近高尔基体的内质网蓝色卡纸空隙下,黄色笑脸隐藏于高尔基体黄色卡纸的凹槽通道下)。先介绍模型结构,教师在模型后面手拿白色笑脸钢丝(适当摇动,引起学生注意),以分泌蛋白作为第一人称配合讲解:

大家好！我是分泌蛋白，核糖体刚刚把我合成出来，就像织布车间刚织好的布一样。（白色笑脸缓慢滑行至内质网边缘附近）大家注意了！内质网加工会让我发生变化哦！（白色笑脸滑入内质网蓝色卡纸的空隙下，随之转换成隐藏于此的蓝色笑脸并滑出卡纸边缘。）大家还认识我吗？我仍然是分泌蛋白，通过内质网的加工我就像布匹已被裁剪并缝纫成的衣样。现在还要到高尔基体进行进一步加工，就像还要给衣服上拉链、钉纽扣一样。（将蓝色笑脸滑至高尔基体的凹槽通道，转换成隐藏于此的黄色笑脸并将其滑出高尔基体。）好了！现在我就像一件完美的衣服，浓缩泡要带我去不同的地方，就像合格出厂的衣服将被销售到各地。我们中有些将成为溶酶体，有些将作为分泌颗粒。（黄色笑脸滑至事先粘在指定位置的黄色、红色笑脸处，用手指示何为溶酶体、分泌颗粒等。）这些分布于细胞内的就像内销的衣服；（黄色笑脸继续向表示细胞膜的弧线方向滑行）也有些继续往细胞膜方向运输，像外销的衣服将面临"海关"细胞膜的检测。（黄色笑脸滑出细胞膜）哈哈！终于过关了！我被释放到了细胞外！（见图5）

通过上述"衣服生产和销售流程"的比喻，将教学内容与生活实际联系起来，即化"静"为"动"、化"杂"为"简"、化"虚"为"实"，又形象逼真地描绘了分泌蛋白的运输过程，符合从感性到理性的认知规律，利于学生对该部分知识产生学习兴趣。

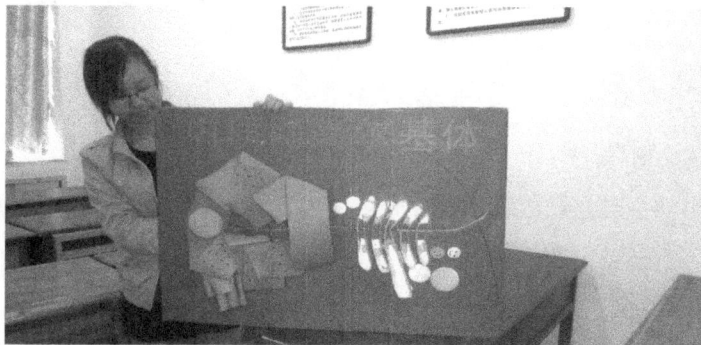

图5

参考文献

刘恩山.中学生物学教学论[M].第2版.北京:高等教育出版社,2009:40-42.

"馒头在口腔中的变化"探究实验教学方案

陈谋韵

(贵州省平塘二中,贵州平塘 558300)

1. 教材分析

"馒头在口腔中的变化"是生物学七年级下册中第二章《人体的营养》第二节《消化和吸收》的一个学习内容,在本章教材的编排顺序中起着承上启下的作用。这个探究活动是在学生具备一定生活经验的基础上进行的,从学生生活上熟悉的事情入手,不仅要让学生提出有新意的问题,自己制订计划,实施计划,在小组之间交流和讨论,还要让学生在该活动后反思自己的探究过程,即总结失误,改正错误,总结自己的成功体验,使他们能够在探究能力、学习能力和解决问题能力方面有更好的发展,能够在合作意识和创新精神等方面得到提高。

2. 教学理念

根据基础教育课程改革的具体目标,结合本次探究活动,力争让课堂走进生活,教学活动要根据中学生已有的知识与经验,倡导自主、合作、探究的学习方式,让学生参与教学,让课堂充满创新活力,把教学过程作为师生交往、共同发展的互动过程,从而实现全面、和谐发展的新教育教学理念。

3. 学生分析

有部分学生在小学学过简单的关于淀粉变化的知识,学生对馒头在口腔中的变化有一定的了解。初一学生好动、好强,接受新鲜事物的能力强,思维活跃,有一定的创新能力,具有一定分析和解决问题的能力,以及交流、合作与创新的能力。

4.教学目标

知识与技能:运用实验法探究馒头在口腔中的变化并得出合理的结论。

过程与方法:通过探究馒头在口腔中的变化,了解唾液对淀粉的消化作用,并知道该变化的产生与牙齿的咀嚼、舌的搅拌也有关系。

情感态度与教育目标:培养学生在学习中的团结精神和协作能力,培养学生实事求是的科学态度。

教学重点:引导学生通过探究实验来验证自己的假设。

教学难点:在探究实验过程中培养学生的实践能力和创新能力。

课前准备:在课前先介绍收集唾液的方法,并要求在上课前收集足够的唾液。教师将所有的实验器材放置在教室的两边,让学生可自主选取器材,并精心布置 2 小陷阱:100 ℃、37 ℃、0 ℃的清水;大小不一的试管。

5.教学过程

5.1 导　入

师:"上节课留了一个作业,让同学们吃早餐的时候,注意品尝馒头的味道。那么,这节课我来提问,谁能说出馒头是什么味道的?"

生:"有点甜。""刚开始吃时不甜,后来越来越甜。""有时候甜味挺明显,但有时候尝不出来"。

师:"同学们掰一小块馒头放到嘴里再仔细品尝,体验刚才同学们说得对不对,同时注意馒头在口腔中发生的变化。"

5.2 探究馒头在口腔中的变化

提出问题:学生根据自己的亲身体会提出探究的问题。

做出假设:学生根据教材的背景资料及亲身体会对提出的问题做出假设。

学生阅读教材提示内容,并结合生活经验回答以下问题:

(1)馒头从吃到口中到咽下去之前,都发生了哪些变化?

(2)口腔中的什么结构使馒头发生了这么多变化?

(3)馒头变甜,这种甜的物质是什么?

(4)馒头的主要成分是什么?它是甜的吗?

(5)馒头变甜说明物质发生了怎样的变化?

(6)什么物质可以检验淀粉是否存在?

(7)怎样模拟牙齿的咀嚼、舌的搅拌呢?是否需要设置对照实验呢?

5.2.1 教材参考计划

(1)取新鲜的馒头,切成大小相同的 A、B、C 三块。将 A、B 块分别用刀切成细碎屑、拌匀;C 块不做处理。

(2)取唾液(已经完成)。

(3)取 3 支试管,分别编号,然后做以下处理。1 号试管:放入 A 馒头碎屑,注入 2 mL 唾液并充分搅拌。2 号试管:将 B 馒头碎屑放入,注入 2 mL 清水并充分搅拌。3 号试管:放入 C 馒头,注入 2 mL 唾液,不搅拌。将这 3 支试管一起放入 37 ℃左右的温水中。

(4)5～10 min 后,取出 3 支试管,各加入 2 滴碘液,摇匀。然后观察并记录各试管中的颜色变化。

5.2.2 讨论和完善计划

(1)计划的修改和完善:根据教材的参考计划和小组讨论,对计划进行修改和完善。

①多大的馒头做实验最合适?②实验装置在温水中应保持多长时间?为什么?③为什么是 37 ℃的温水,若是 100 ℃、0 ℃又会怎样呢?如果检验该假设,是否需要设置对照?

学生讨论交流后回答问题,并对计划进行适当的修改。

①馒头块不宜过大,否则收集的唾液不能将其中的淀粉完全消化,导致实验现象不明显。②唾液对淀粉的消化需要一定的时间,因此,在水浴中的时间不能太短。③100 ℃、0 ℃淀粉不能被消化,可以设置对照组进行实验。选择 2 组同学将同样处理的 1、2、3 号试管放入 100 ℃左右与 0℃左右的水中 5～10 min,再滴加 2 滴碘液,摇匀后观察实验现象。

(2)实施计划:根据完善后的计划进行实验,通过观察发现,37℃水中的 1 号试管内液体没有变蓝,2、3 号试管变蓝。100℃和 0 ℃水中的 3 支试管都变蓝。

（3）结果与分析：37 ℃ 水浴环境下，1 号试管中淀粉已经消失，说明唾液对淀粉有消化作用；2 号试管中的淀粉还存在，说明清水对淀粉没有消化作用；3 号试管中淀粉还存在，说明唾液没有与淀粉充分接触就不能完全消化淀粉。而 100 ℃ 与 0 ℃ 水浴中的淀粉都还存在，说明唾液消化淀粉还需要适宜的温度。

（4）讨论与结论：馒头的变甜与牙齿的咀嚼、舌的搅拌和唾液的分泌有关。

（5）表达与交流：选取部分小组代表展示探究结果，并汇报探究过程，其他小组进行对照，如果出现结果不一致的，师生共同讨论分析原因。比如实验过程中的馒头碎屑是否足够细，与唾液的混合是否充分，在 37 ℃ 水浴环境中的时间是否足够长，以及是否要等溶液温度降低到室温再滴加碘液等。

例析设计和完成生物实验的基本思路

熊玖飞

(贵州省独山民族中学,贵州独山 558200)

摘　要:为了例析生物实验基本思路,本文从明确实验目的,弄清实验原理,本文从确定实验类型、实验变量、对照实验等方面入手,设计实验步骤,预期并分析实验结果,推出实验结论。

关键词:例析设计　生物实验　基本思路

1. 基本思路

生物实验的基本思路是:明确实验目的—弄清实验原理并确定实验类型—确定实验变量和对照实验—预期实验结果—分析实验结果并得出实验结论。具体如下:

1.1 准确把握实验目的、原理并确定实验类型

关于实验原理的确定,既要弄清反应原理,又要弄清检测原理,也就是确保能顺利完成实验任务的依据所在。"验证"或"探究"就是解题的钥匙,抓住验证性实验和探究性实验的区别:验证性实验没有实验假设,而探究性实验有,实验的预期结果往往也不同。

1.2 确定实验变量,设立对照实验

找出自变量(实验变量或实验条件)和因变量(反应变量)以及影响本实验的无关变量,然后构思实验变量的控制方法和实验结果的获得手段。

1.3 设计实验步骤

根据实验目的、原理和思路,设计出合理的实验装置和实验操作步骤。要

思考本实验所给出的实验材料和试剂分别起什么作用,怎样运用。要注意两点:一是题中给出的实验试剂和材料一般应充分利用;二是除非题目条件允许,否则不能自己随意添加实验试剂和材料。

由于实验设计是开放性的,可能存在多种实验设计,但一般应遵循以下几个原则:科学性原则、对照性原则、单因子变量原则、可行性原则、简便性原则、可重复性原则。其中简便性原则即要保证实验材料容易取得、实验装置比较简单、实验药品比较便宜、操作过程比较简便、实验步骤比较少、实验时间相对短等。一般实验步骤为三步:第一步,选取相同的材料并随机分组和编号。第二步,操作实验变量。无关变量要等量、等同且适宜。第三步,检测反应变量。即给实验组施以实验手段,对照组的设计则根据不同情况而定,是留为空白对照呢,还是设计为条件对照、自身对照、相互对照等。在实验一段时间后,分别观察、记录实验结果。

1.4 预期实验结果

由于是设计和完成实验,实验结果是根据实验目的和原理推理出来的,而不像操作实验能看到实验结果,所以预期结果就显得尤为重要。只有预期实验结果正确,才能得出正确的预期实验结论。若是验证性实验,其预期结果只会有实际存在的一种;而若是探究性实验,则只要有可能出现的结果都应在预期之列,所以往往有多种预期结果。特别要注意的是,若是要求预测"最可能"的结果,应根据已有知识推测"最合理"的结果。

2. 两个示例说明

2.1 实验设计型

给出实验目的和原理,要求设计实验步骤,预测实验结果,推出实验结论。

例1 植物叶片表皮上分布有大量的气孔,气孔结构是由两个保卫细胞包围而成。当保卫细胞吸水后会膨胀变形,气孔开启;反之细胞失水收缩,气孔关闭。请以放置一小段时间的菠菜为材料设计一个实验,证明气孔具有开启和关闭的功能。要求写出实验材料与主要用具、实验步骤、预测实验结果并进行解释。

2.1.1 分　析

本题实际考查渗透作用知识的应用。解答应遵循如下程序:

（1）确定实验目的（证明气孔有关闭和开启的功能）。

（2）根据实验目的确定实验原理（根据材料信息，保卫细胞吸水膨胀，气孔开启；保卫细胞失水收缩，气孔关闭。可确定本实验应依据渗透作用原理，即当外界溶液浓度大于细胞液浓度时，细胞发生渗透失水；反之则发生渗透吸水）。

（3）依据原理确定实验对象（菠菜叶片表皮）。

（4）确定实验用具与控制条件（联系质壁分离与复原实验确定：清水、30%蔗糖溶液、盖玻片、载玻片、显微镜、吸水纸、滴管、镊子等）。

（5）设立对照实验（无须另设对照组，为自身前后对照）。

（6）设计合理的步骤（类似于质壁分离实验）。

（7）实验结果预测与分析（验证性实验的实验结果与实验目的相符，实验分析与实验原理相对应）。

2.1.2 答　案

（1）实验材料：菠菜、清水、30%蔗糖溶液、盖玻片、载玻片、显微镜、吸水纸、滴管、镊子等。

（2）实验步骤：①取菠菜叶，用镊子剥取表皮。②在载玻片上滴1滴清水，将表皮放入清水中，盖上盖玻片，制成临时装片。③将临时装片放在显微镜载物台上，先在低倍镜下找到气孔，移动到视野中央。再换高倍镜进行观察，记录观察到的气孔状态。④在盖玻片的一侧滴上30%蔗糖溶液，在另一侧用吸水纸吸取盖玻片下的液体，反复做几次。⑤继续观察气孔的变化，并做记录。

（3）预测实验结果：在清水中气孔开启，因为当细胞液浓度大于细胞外溶液浓度时，保卫细胞吸水膨胀变形，气孔开启。在30%蔗糖溶液中气孔关闭，因为当细胞液浓度小于细胞外溶液浓度时，保卫细胞失水收缩，气孔关闭。

2.2 实验综合型

综合型实验分析和实验设计。

例2　根据下列实验回答问题：

实验一：甲细菌在基本培养基上单独培养——无菌落产生。

实验二：乙细菌在基本培养基上单独培养——无菌落产生。

实验三：甲细菌与乙细菌混合在基本培养基上培养——有菌落产生。

（1）如果实验三出现了一种新菌落，既不是甲细菌也不是乙细菌（已排除突变),对这一实验现象的原因请提出假设:①_____。
请写出验证上述实验假设的方法:②_____
_____。

(2)如果在实验一的培养基中增添甲物质,则会出现甲细菌的菌落;在实验二的培养基中增添乙物质,则会出现乙细菌的菌落;实验三是将甲细菌和乙细菌同时培养,结果出现了甲细菌和乙细菌两种菌落。根据上述实验现象请提出假设:③_____。

在下列步骤1和步骤4的基础上继续完成实验的有关内容。

步骤1:甲细菌 + 基本培养基 + 甲物质——有甲菌落。

步骤2:④_____。

步骤3:⑤_____。

根据步骤1～3得出的结论是:⑥_____。

步骤4:乙细菌 + 基本培养基 + 乙物质——有乙菌落;

步骤5:⑦_____。

步骤6:⑧_____。

根据步骤4～6得出的结论是:⑨_____。

2.2.1 分　析

(1)由题意可知,实验三出现新菌落的原因一定是遗传物质发生了改变,在排除基因突变的情况下,只可能发生了类似于肺炎双球菌转化实验的基因重组现象。欲验证此假设,可借鉴肺炎双球菌转化实验,取甲(或乙)的 DNA 与乙(或甲)细菌混合培养,通过是否有新菌落产生予以判断。

(2)由题意可判断甲细菌能产生乙细菌生长所必需的乙物质,乙细菌能产生甲细菌生长所必需的甲物质。欲证明此假设,可分别将甲、乙细菌在培养过乙、甲细菌的培养基上培养,观察是否有菌落生成,但因为在培养过甲、乙细菌的培养基中已分别加入了甲、乙物质(否则甲、乙细菌不生长),因此,应分别设置对照实验,以排除甲、乙细菌在培养过乙、甲细菌的培养基上生长是由于加入了乙、甲物质的原因。

2.2.2 答　案

(1)①甲、乙细菌间发生了基因重组;②甲细菌 + 乙细菌 DNA——有新菌落，或乙细菌 + 甲细菌 DNA——有新菌落。

（2）③甲细菌代谢产生了乙细菌繁殖所需要的乙物质，乙细菌代谢产生了甲细菌繁殖所需要的甲物质；④乙细菌 + 基本培养基 + 甲物质——无菌落；⑤乙细菌 + 培养过甲细菌的培养基——有乙菌落；⑥甲细菌代谢产生了乙细菌繁殖所需的乙物质；⑦甲细菌 + 基本培养基 + 乙物质——无菌落；⑧甲细菌 + 培养过乙细菌的培养基——有甲菌落；⑨乙细菌代谢产生了甲细菌繁殖所需的甲物质。

新课程背景下的生物实验教学

——关于"探究测定某种食物中的能量"实验的改进

龚兴江

（贵州省龙里县洗马中学，贵州龙里　551200）

摘　要：人教版生物学七年级下册第二章《人体的营养》第一节《食物中的营养物质》中探究实验"测定某种食物中的能量"，实验目的就是通过测量食物燃烧放出的能量，来测定食物中含有的能量。实验过程中，应该做到尽量减少食物燃烧过程中能量的丢失，以确保实验的精确度。实验改进后比原来操作简便，数据更加准确。

关键词：新课程改革　探究实验改进　花生　燃烧　温度　吸热

1. 改进前实验

实验目的：使用简易的燃烧装置，测定花生、核桃仁燃烧时所释放出来的能量。

实验器材：纸板茶叶筒 1 个（13 cm×8 cm），锡纸，石棉网 1 块，锥形瓶 1 个（100 mL），量筒一只（100 mL），煤油温度计 1 支，单孔橡皮塞 1 个，易拉罐 1 个，棉花，解剖针 1 根，火柴。

实验装置和步骤：

书本原实验装置（图 1）。

图1

步　骤：

(1)取一只锥形瓶(100 mL),注入 30 mL 水,再将它固定在铁架台上。

(2)在锥形瓶里放入一支温度计(温度计的下端要浸入水中,但不要接触锥形瓶的瓶底),参照图1安装好实验装置,并测定水温。

(3)称出一粒干燥花生种子的质量,将这粒种子放到火焰上点燃。

(4)将刚燃烧的花生种子尽快放到锥形瓶底部。待这粒花生种子完全燃烧后,读出水温升高到的温度。

测定食物的能量演示器特点及用途:

(1)特点:结构简单,操作简便,经久耐用,食物燃烧放出的热量损失较小,实验现象明显。

(2)用途:利用食物燃烧放出的热量使水温上升到多少温度来测定食物中能量的多少。1 g 食物燃烧释放的能量 =4.2 J×水的体积×(加热后水温－加热前水温)/食物的总质量。[1 mL 水每升高 1 ℃,需要吸收 4.2 J 的热能;焦耳(J)是能量的单位]。

2. 改进后实验

实验装置的制作方法(见图2~4):

图2　　　　　图3　　　　　图4

（1）取纸板茶叶筒1个，在顶部的中央打一个直径为3 cm的圆孔，在罐底部（内贴锡纸）剪一个高度为4.5 cm的等边三角形，以便通风，其余部分钻孔通风。

（2）将锥形瓶从底部放入茶叶筒中，使瓶口超出茶叶筒顶部约2.5 cm。

（3）茶叶筒中空出的部分用棉花填充至接近锥形瓶底部，将石棉网剪成一个直径为7.5 cm的圆，使石棉网紧贴锥形瓶底部，再用细铜丝固定。

（4）将外径为6.5 cm的易拉罐一分为二，上部高为3 cm，并固定好铁丝网，下部为4.5 cm，一方为长方形，其余为三角形通风。

（5）直径为7.5 cm有底无盖的圆柱形，在此圆柱形底部周围剪一个长方形的洞（2 cm×1.5 cm）用作点火口，上部中央打一个直径为4.5 cm的孔，将做好的铁丝网固定在此孔上。

（6）取一个橡皮塞在其中央打孔并插入一只煤油温度计。

（7）将带温度计的橡皮塞塞紧锥形瓶（注意：温度计不能接触锥形瓶底部）。

实验步骤：

（1）将装置（图2）放到实验台上，用量筒量取30 mL水，倒入锥形瓶中，将固定好温度计的橡皮塞塞紧锥形瓶瓶口，并读出锥形瓶中水的初始温度，同时记录在实验数据分析表中（详见附件1）。

（2）将装置（图2）放在另一装置（图3）上，最后安装成一体（图4）。

（3）称出一粒干燥花生种子的质量，将这粒种子放到火焰上点燃。

（4）将燃烧成大火焰的花生种子快速从通风口放入锥形瓶底部，直至完全燃烧后，读出升高到的温度。燃烧后的残留物放到有底的图3装置中。

3. 改进后的实验创新点

（1）原装置锥形瓶未进行保温，锥形瓶口也容易散失热量，温度计也没有固定，操作不方便。新装置中采用内贴锡纸，并用棉花进行保温，最大限度地防止热量的散失，保证实验数据的准确性。

（2）新装置中温度计用带孔的橡皮塞固定后，塞在锥形瓶口处。这样降低了热量的散失，同时还防止温度计左右摆动和接触锥形瓶底部，影响数据的精确性。

（3）种子灼烧至有较大火焰时，再将其从通风口放入，下方已固定铺好铁丝网，防止种子掉落，有利于种子继续燃烧。如果发现花生未燃烧完且火焰变小，此时要翻动使其完全燃烧尽。

4. 实验小结

通过改进设计，我们制作了减少能量散失的简易装置，提高了实验的准确性和科学性。科学探究需要通过观察和实验等多种途径来获得事实和证据，也是人们获取科学知识、认识世界的重要途径。

参考文献

中华人民共和国教育部. 义务教育生物学课程标准 2011 年版[S]. 北京：北京师范大学出版社，2011.

附件1：

实验数据分析表

内　容	仪　器	数　据
花生种子的质量	托盘天平	$M = $ _____ g
量　水	量　筒	$V = $ _____ mL
水温 T_1（未燃烧前）	温度计	$T_1 = $ _____ ℃
水温 T_2（燃烧后）	温度计	$T_2 = $ _____ ℃
水温升高的度数	$T_1 - T_2 = $ _____ ℃	
每克花生种子中所释放的能量	$Q = 4.2\,J \times V \times (T_2 - T_1)/M = $ _____ J	

如何上好农村中学生物实验课

黎承珍

（贵州省独山县第二中学,贵州独山 558200）

摘 要:新课改下的农村生物实验课,涉及对生物材料的选择、教学方法的更新、教师角色的转变。农村中学的生物实验课如何教学,对农村生物实验课教学老师是很大的挑战。

关键词:农村中学 生物实验 实验材料

1. 背 景

为了上好新课改下农村中学的生物实验课,农村生物实验课教学老师,对生物实验课教学材料的选择,教学方法的更新,激发学生的学习兴趣等方面都需要认真思考。

2. 农村中学生物实验课教学示例

中学生物学课程改革,对广大生物学教师来说面临着新的挑战,如教育教学观念的更新、教师角色的转变和教学内容、手段、模式、方法的变化等。生物学教师除了要有教学研究的意识,还要对教学活动中出现的问题产生探究的欲望,有意识地从日常生活中发现问题,认真学习教学研究的理论和方法,主动运用科学的方法来认识问题和解决问题。

面对生物学教学的课程改革,过去对生物学学科可有可无的农村中学,即将面临的是怎样的困难呢?虽然生物学学科和自然学科与学生的生活密切相关,但他们只对与应试教育有关的学科有实际教学行动,其他的学科教学较少,突然间要让学生们改变和接受这门学科的学习方法和态度，并且重视起来，谈何容易？更别说还要他们参与实验，动手操作和动作规范了。这对于农村教师来说，将是很大的困难。但是面对困难，不管是多大的困难，教师是不能退缩的，这是课程改革对教师的考验，也是对教师职业素质的衡量。广大的生物学教师，特别是农村的生物学教师，一定要迎难而上，接受挑战。

农村中学生物实验教学要面临的困难，主要与所任学科的教师专业知识水平、学校的重视程度、学生的学习兴趣、实验器材、实验场所等有关。它不像物理和化学那样，所用到的实验材料在实验室就有，教师只要在上课前讲解所上的内容，并进行正确的演示和正确操作，实验效果就十分明显。生物学科的实验课除了上面所说的，要面对的困难主要是实验中用到的材料，农村中学基本上没有配备。在这种情况下，有的教师只好按照教材上的要求找简便材料来代替。这样的材料在实验过程中出现的问题，教师是无法预料到的，学生也没有心理准备。对实验成效，要让学生能够理解并且接受，教师需要做大量的工作。至于对本学科没有兴趣的学生，教师更不能直接给予批评，只能对其多加引导，尽量给予每个学生参与教学活动的机会。

根据新课程理念，教师作为活动的组织者，创造丰富的教学环境，激发学生的学习动机，培养学生的学习兴趣，是应尽之责。作为教学活动的促进者，在学生自主观察、实验或讨论时，教师要积极地看和认真地听，随时掌握课堂中可能出现的各种情况，并考虑下一步如何指导学生学习，给予他们心理上的支持。同时，采用各种适当的方式，给学生精神上的鼓励，使学生思想活跃，探索热情更加高涨。此外，还要提示学生积极注意课堂纪律，与他人友好相处，培养合作精神。

生物学教师的专业素质是决定生物学教学改革是否成功的重要因素，生物学教师必须树立终身学习的观念，不断更新知识结构，提高专业素质，热爱学生，关心学生的身心健康，主动应对时代的挑战。

参考文献

[1]欧中甜.新课程改革下的农村生物实验教学的对策[J].新课程(教育学术版),2009(1).

[2]毕田增,周卫勇.新课程教学设计:案例＋评析＋设计与再设计[M].北京:首都师范大学出版社,2004.

优化实验教学，培养学生综合能力

林小军

（贵州省贵定县沿山中学，贵州贵定　551300）

　　摘　要:生物学是一门以实验为基础的学科。教学中要帮助学生形成生物学概念,获得生物知识和实验技能,培养观察和实践能力,培养实事求是、严肃认真的科学态度。在教学中,教师通过实验教学多方面激发学生的学习兴趣,充分调动学生的非智力因素,同时要规范实验步骤,注重观察实验现象,强化课内外实验,在提高学生学习成绩的基础上培养他们的实践能力与创新能力。

　　关键词:实验教学　实验探究　实验设计

1. 背　景

　　新一轮课改就是力图改变学生的学习方式,引导学生主动参与、乐于探究、勤于动手,逐步培养学生收集和处理科学信息的能力、获取新知识的能力、分析和解决问题的能力以及交流与合作的能力等,突出创新精神和实践能力的培养。教师应当尝试在课堂教学环境中创设一个有利于彰显学生个性的场所,在宽松、自然、愉悦的氛围中释放学生的个性,展现学生的活力,合理上好探究实验课。

　　实验探究是科学探究的重要表现形式,深入实践与研究实验探究活动,整合、创造、总结出有效的实验教学的探究策略,对于加强生物实验教学的有效性具有特殊重要作用。实验探究是学生积极主动地获取生物科学知识,获得科学观念,掌握科学本领,领悟科学研究方法而进行的各种活动。在生物教学中,要着重培养学生的创造能力,鼓励学生大胆猜想及设计。其中,实验教学显得尤其重要。既要让学生懂得实验探究的过程,又要让学生在这一过程中学到知识、解决问题。因此,教师应在课堂上尽力帮助、指导、点拨学生,以学生为中心,发挥学生的主体作用。

2. 优化实验教学

2.1 发挥实验教学的作用,激发学生的学习兴趣

在生物实验教学中,要想激发学生的学习兴趣,教师必须解放思想,更新观念,放开学生的手脚,不要牵着学生一步一步地走。并且相信学生都能成功地完成实验,允许学生实验失败,鼓励他们从失败中找原因,直至实验成功,要让学生从实验中品尝到成功的喜悦。但在放手实验时,首先要让学生带着明确的目的去实验、去探究,在实验中体会知识,引导学生总结实验结论。这样既体现了教师的主导作用,又发挥了学生的主体作用,并且充分调动学生学习生物学知识的积极性。

2.2 通过实验教学,提高学生分析问题和解决问题的能力

在实验教学中,教师可以设计一些生动有趣的实验探究活动,调动学生参与实验的积极性。通过对实验问题的解答,使学生掌握科学探究的基本过程。在缺乏实验仪器的情况下,教师可以利用身边一些简易的器材,巧妙设计实验方案,引导学生主动探究,同样能够取得较好的实验效果。灵活创设各种实验情境,培养学生的思维能力和动手能力,学生表现积极、活跃,学习兴趣高涨,课堂充满生机与活力。

2.2.1 设计探究活动,提高学生对知识的理解

良好的教学环境能激发学生积极的情感,促进学生智力活动的进行和个性的发展。在日常的教学环节中,教师可以通过设计一些新颖独特的活动,提出有思考性的问题,调动学生思维,吸引学生积极地投入到探索活动中来,从而提高教学效率。

例如人教版七年级下册生物学中第六章第一节《人体对外界环境的感知》,教材中对于近视的描述:"如果眼球的前后径过长,或者晶状体曲度过大且不易恢复原大小,远处物体反射来的光线通过晶状体等折射所形成的物像,就会落到视网膜的前方,这样看到的是一个模糊不清的物像。这种看不清远处物体的

眼,叫作近视眼"。这段描述并没有具体介绍两者之间的变化关系,但却是常考的知识点。教材中用简单的文字说明近视形成的原因及矫正,学生既对原理不清楚,又缺乏相应的感性知识,难以理解及记忆,加大了学习难度。针对上述不足,设计探究实验,用凸透镜模拟眼球的晶状体,用不同凸度的凸透镜模拟晶状体的变化;用光屏模拟眼球的视网膜;用点燃的蜡烛模拟所要观察的物体,蜡烛可远近移动模拟远近不同的物体。眼球的晶状体位置放凸透镜,视网膜位置放光屏,实验过程如下:

(1)在摆放好的装置上点燃蜡烛,烛光的物像落在光屏上。

(2)将蜡烛与凸透镜的距离慢慢拉远,"视网膜"上的像变模糊最后消失。

(3)换用凸度较小的凸透镜,在光屏上出现了清晰的物像。由此说明,看近物时晶状体凸度变大,看远物时晶状体凸度变小。通过上述演示实验,学生对看清远近不同物体时晶状体的具体变化情况及近视眼形成的原因和矫正就更加清楚了。

生物教学中常常会遇到一些抽象的知识,如果只是照本宣科,学生提不起兴趣,巧妙地设计一些活动则会收到意想不到的效果。

2.2.2 巧妙设计实验方案探究新知

中学生物教学中,对学生进行实验设计能力的训练可以围绕实验材料的选择、实验手段的改进等多种途径和方法进行。由于实验条件的限制,有些实验难以完成。但是,运用简单易得的实验材料,巧妙设计实验方案,同样能够取得较好的实验效果。

例如在《发生在肺内的气体交换》一节中,我们知道人呼出的气体中二氧化碳增多了,我就鼓励学生把它变成探究性实验。人呼出的气体有二氧化碳吗?

人呼出气体中的二氧化碳与空气中二氧化碳含量相同吗?(提示:二氧化碳能使澄清的石灰水变浑浊。)

实验步骤如下:

(1)取甲、乙、丙3只试管,分别注入10 mL澄清的石灰水。

(2)用玻璃管向甲试管中吹气,重复几次,一段时间后,发现甲试管中澄清的石灰水变浑浊。

(3)取一只注射器插入乙试管中,不断向玻璃管内"吹"气,与向甲试管中吹气的时间相同,发现澄清的石灰水变浑浊。

(4)以丙试管作对照,比较甲、乙两支试管,发现甲试管石灰水变浑浊程度深。

(5)得出结论:人呼出的气体中含有较多的二氧化碳。

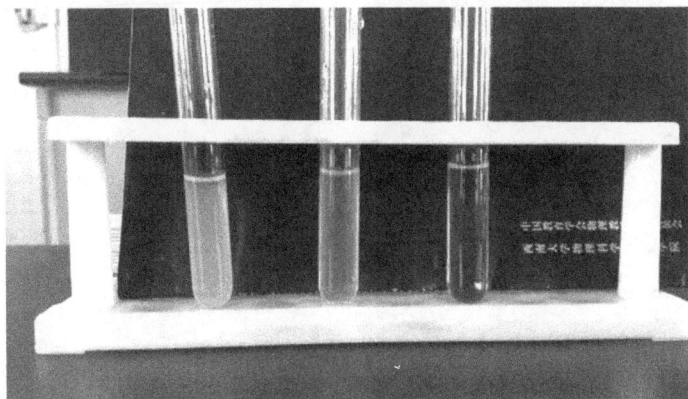

实验的成功与失败都会引起学生注意,进而探索实验材料的选择等,培养了学生的思维能力、分析解决问题能力以及实验创新能力。

2.2.3 合理安排和组织实验,培养学生理论联系实际的能力

根据学生求动、求知、求趣、求异、求新等心理特点,精心组织和设计课堂讲授内容和实验相结合,把课本知识和生活实际联系起来,学生在理解的基础上掌握。

例如:八年级生物学下册第八单元第三章第二节《选择健康的生活方式》,其中设计了一个探究实验——酒精或烟草浸出液对水蚤心率的影响。此探究实验虽然能够说明酒精或烟草浸出液对水蚤心血管方面有一定危害,但未涉及对人体的影响。而本节内容中有关吸烟危害人体健康的内容只是提供了一些

文字说明,如"香烟燃烧产生的烟雾中含有多种有害的化学物质"等文字信息,不能直观地展现吸烟对人体肺部的具体影响,学生阅读后对吸烟的危害并没有很深刻的印象,很多学生还错误地认为香烟都有过滤嘴,可以过滤掉有害物质。

为了能让学生对吸烟的危害感受更直观、更深刻,在实际教学中我们可以设计如下实验:

材料用具:注射器,棉花,废弃滴管,胶管,香烟(带过滤嘴和不带过滤嘴)。

实验过程:在本实验中,用棉花模拟人的肺,用注射器模拟人吸食香烟。

(1)在注射器中放入一团棉花。

(2)将滴管的一端接在胶管口,另一端先插上一支不带过滤嘴的香烟,将胶管的另一端接在注射器上。

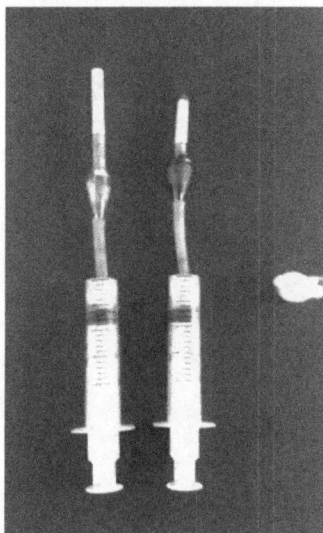 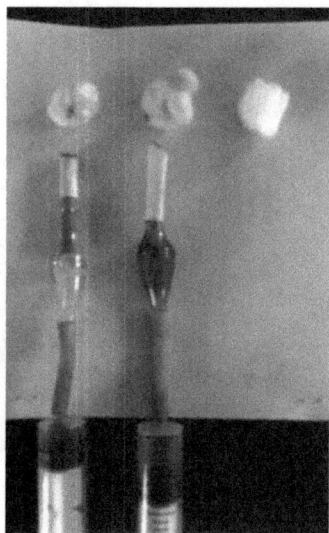

(实验前)　　　　　　　　(实验后)

(3)点燃香烟,拉动活塞模拟吸烟,为了不让教室内充满烟雾,可将注射器吸来的烟雾吹入装有水的烧杯中,减少香烟燃烧的烟雾对学生健康的危害。

(4)反复抽吸完成后,取出注射器里的棉花,会发现棉花变成黄色,从而证明香烟燃烧后产生的化学物质会使肺发黄变黑,危害身体健康。

(5)接着改用有过滤嘴的香烟进行同样的模拟实验,得到相似的现象及结果,打破学生认为过滤嘴香烟对人体肺部没有危害的错误认识。

通过该探究实验,以直观的现象向学生说明香烟对人体肺部的影响,从而让学生真正意识到吸烟对健康的危害。

2.3 实验教学做好探究与总结相结合

在实验教学中,要特别注重引导和启发学生从表面的生物现象中总结规律。例如在教授双子叶植物和单子叶植物特征时,因为在农村,学生很容易找到典型的双子叶植物——大豆的植株和典型的单子叶植物——玉米的植株。可以安排学生把这些实验材料带到课堂,在课堂上让他们从根、茎、叶、花、果实和种子这几方面进行比较,很快他们就能找到双子叶植物和单子叶植物的区别,课堂效果非常理想。在学生学到知识的同时,还调动了学生学习生物的兴趣,提高了学生的总结和探究能力。

在实验教学中,通过各种途径优化教学过程,体现了教师的智慧和水平,激发了学生的学习兴趣,课堂上更多地出现师生互动、平等参与的生动局面。学生的学习方式开始逐步多样化,勤于动手、主动参与、乐于探究、积极思考成为学生学习的主旋律,学生学得更轻松,觉得生物课更有趣了。学生成了课堂的主人,课堂也真正充满生机和活力。

总之,在生物教学中,教师如果能采用各种生动有趣的实验,把"外在"的信息,即生物课题以新奇的方式揭示在学生面前,能使课堂气氛活跃,引人入胜。从而培养学生的学习兴趣,并使其在乐趣中获得知识,巩固知识。这样的教学方法,会产生良好的效果,但也要理论联系实际,在实践中学知识、用知识,为生物学的研究、发展奠定坚实的基础。

参考文献

[1]朱正威.生物新课程给我们的机遇和挑战[J].中学生物教学,2005(9),4－6.

[2]汪忠,刘恩山.生物课程标准解读[M].北京:北京师范大学出版社,2002:101.

[3]叶佩珉.生物学实验论[M].南宁:广西教育出版社,2001:68.

因地制宜改进

"绿叶在光下制造有机物"的生物实验

王立苹

(贵州省都匀市第三中学,贵州都匀　558000)

摘　要:本文从光照强度、二氧化碳、体积分数、温度、水、肥料等外部因素,对绿叶制造有机物的影响等方面入手,设计实验,并提出相关改进方法,以期深入浅出地展现"绿叶在光制造有机物"过程。

关键词:光照　有机物　淀粉　实验改进

1. 背　景

生物学是一门以实验为基础的学科,生物实验教学是生物教学中一个不可分割的重要组成部分,新课程、新理念重视知识与能力的协调发展。人教版生物学七年级上册第四章《绿色植物是生物圈中有机物的制造者》有一个"绿叶在光下制造有机物"的实验,从影响绿色植物光合作用的因素入手,联系实际情况,探索实验改进的方法。从植物生理学的知识可以知道,影响光合作用的外部因素有光照强度、二氧化碳体积分数、温度、水、肥料等,内部因素有叶的年龄和叶的结构等。其中任何一种因素的变化,都将影响到光合作用的进行。在这些因素中,有些影响因素不便于更改,有些影响因素则比较容易选择。

《义务教育生物学课程标准(2011 年版)》建议组织学生开展实验,让学生亲自参与、体验探究实验,享受实验的乐趣和艰辛,培养学生的创新精神和实验能力。"绿叶在光下制造有机物"是要求学生必须掌握的实验,该实验是重要的探究实验。

经调查,在教学中该实验的开出率及成功率都很低,原因:一是取材困难;二是1个课时完成分组实验时间比较紧;三是该实验涉及的化学知识较多,但七年级学生尚未学习化学知识;四是实验受暗处理、光照等因素影响,成功率不高。

2.实验改进

2.1 实验材料的改进

2.1.1 改进的原因

(1)各地的气候条件不同,若只局限于教材的经典材料——天竺葵,根据教材进度,黔南地区已经进入深秋,天气变冷,温度过低,一般植物都落叶了,市场上很难买到天竺葵。

(2)酒精脱色步骤耗时长,一般需要 15 min 左右。

2.1.2 改进的方法

(1)要有繁茂的枝叶以便有足够的叶片进行实验。

(2)光合作用产生的淀粉能在一昼夜耗尽。

(3)洗尽叶绿素后滴加碘液能看到淀粉变蓝的实验现象,并且要求脱去叶绿素的速度要在 8 min 以内,这样较为合适课堂教学。

(4)植物整体体积不易过大,否则暗处理步骤难以实施。

(5)该植物最好常见并且容易得到。

根据以上要求,我选择一串红、小白菜、秋海棠、杜鹃、月季进行实验,实验结果见表1(暗处理2 d,光照4 h)。

表1　实验结果

植物名称	脱色		染色时间(min)	叶片颜色	
	时间(min)	颜色		遮光	不遮光
天竺葵	12		10~12		
一串红	8		3		
小白菜	5~6	淡黄色	3	不变蓝	变　蓝
秋海棠	8		5		
杜　鹃	9		8		
月　季	过　长		放　弃		

由表1可知,一串红、小白菜、秋海棠都是较好的替代材料。为增强实验效果,应对实验植物进行合理培养。实验前1周,对选定实验材料施用适量氮肥,以增加叶片中叶绿素含量,勤浇水保证水分充足。

2.2 暗处理的改进

2.2.1 改进的原因

教材中暗处理的目的是设置对照实验。依据教材中暗处理方法操作,遮光部分较小,易透光,实验对照效果不明显。

2.2.2 改进的方法

饥饿处理一昼夜同一株植物,选定长势相近的两片叶片,其中一个叶片用黑纸片折叠成两层全遮光,将遮光的叶片再套一层牛皮纸来增加遮光的可靠性,或者用厚纸片做成一些遮光套;另一叶片不进行任何处理。用此方法处理叶片,实验对照效果十分明显。

2.3 光照处理的改进

2.3.1 改进的原因

实验教学过程中,课程安排时间不合理或遇阴雨天时,光照不充分,叶片合成的淀粉少,导致实验失败。

2.3.2 改进的方法

人工辅助光源的探索:用白炽灯光照射或者学校闲置的幻灯机、投影仪灯光照射5~6 h,同样能有较好的实验效果。如果是在阳光下照射,一般植物在冬季光合作用最强是 12:00 左右,夏季是 10:00 左右(图1和图2)。因此,冬季进行实验时应在 12:00～14:30 进行,夏季应选择在 9:00～11:00 进行,效果较好。

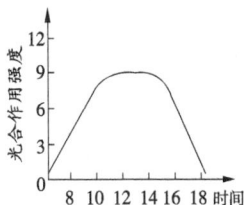

图1 冬季光合作用强度曲线　　　图2 夏季光合作用强度曲线

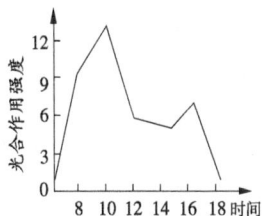

2.4 酒精脱色过程的改进

2.4.1 改进的原因

"酒精脱色"步骤涉及的化学知识多,而七年级学生还未接触化学,且本实验操作中的安全注意事项多。

2.4.2 改进的方法

● 方法一

水浴加热时用热水代替冷水以缩短脱色的时间。小烧杯在大烧杯里易倾斜(酒精易洒出),且具有安全隐患;小烧杯杯口大,酒精挥发快。建议将小烧杯换成锥形瓶以减少酒精挥发。同时,在大烧杯内放置一条纱布,加热时起固定锥形瓶的作用,防止其倾倒。

● 方法二

(1)实验原理:从"萨克斯用碘蒸气处理叶片"受到启发,在较高温度下,碘酒溶液中的碘直接与叶片中的淀粉反应,叶片含淀粉的部分变蓝。

(2)实验方法:直接用开水余温加热碘酒溶液进行染色。

(3)改进后优点:约 4 min 便可观察到实验结果,无须使用酒精灯、三脚架和石棉网等,降低了七年级学生分组实验操作的难度。

总之,从材料选择、实验方案的优化、教学方法和学生学法指导等方面尝试对该实验进行改进,取得较好的教学效果。通过此次实验改进,我们对实验教学有了更深刻认识:要勇于创新,不能完全依赖课本,要勤于思考。在日常的实验教学中,进一步落实面向全体学生,提高生物科学素养,倡导探究性学习的教学理念,从而使培养出来的学生,不但会想、会问、会做、会观察、会实践,更会创造。

参考文献

[1]中华人民共和国教育部.义务教育生物学课程标准2011年版[S].北京:北京师范大学出版社,2011.

[2]杨秀良."绿叶在光下制造淀粉"实验的改进[J].实验教学与仪器,2011(S1).

如何提高学生使用显微镜的能力

花万帮

（贵州省长顺县代化中学，贵州长顺　550700）

1. 背　景

在初中生物教学过程中，使用显微镜观察生物细胞是必不可少的实验教学之一。我国西部边远山区的初中学生，绝大多数都是来自村级小学，而教师缺乏，也没有相应的仪器设备，学生在小学没有做过实验的经历，更没有体验过做实验的乐趣和实验成功的喜悦。因此，到了初中以后，学生参与实验的积极性、主动性不高，实际操作能力也比较差。

2. 提高学生使用显微镜观察生物细胞能力的方法

那么，怎样才能提高学生使用显微镜观察生物细胞的能力呢？

笔者认为，教师应该着重把握以下三个关键的步骤：一是让学生正确地掌握临时装片的制作步骤和方法；二是让学生掌握使用显微镜的方法、技巧；三是教师要让学生分步进行，并适时进行指导。

2.1 临时装片的成功制作，是实验成功的最根本保证

我们可以把临时装片的制作过程归纳为 7 个字（即 7 个步骤）：擦—滴—取—展（抹）—盖—染—吸。

在上述 7 个步骤中，应当着重注意的是 3 个步骤。

第一是要巧"滴"。也就是在载玻片的中央滴 1 滴清水或生理盐水。一般情况下，学生为了把水滴滴到载玻片的正中央，便将滴管口放到载玻片上去滴，滴的水滴不是多了就是少了。水滴滴少了，盖上盖玻片时，盖玻片下面容易产

生气泡,影响我们对细胞的观察。水滴滴多了,盖上盖玻片时,盖玻片容易移动位置。特别是制作人的口腔上皮细胞临时装片,由于盖玻片移动位置,口腔上皮细胞没有处在盖玻片的中心位置,甚至盖玻片没有盖在口腔上皮细胞上。造成学生使用显微镜观察时,认为口腔上皮细胞就处在盖玻片的中心位置,总是把盖玻片的中心位置对准通光孔的中心,结果怎样调节调焦螺旋,在显微镜的视野范围内总是找不到口腔上皮细胞。少数学生虽然能找到口腔上皮细胞,但是也要花费很长的时间。这样就给学生实验增加了难度,不仅没有让学生体验到做实验的乐趣和实验成功的喜悦,反而让他们觉得做实验难度很大,且没有任何意义,会打击学生做实验的积极性和主动性,同时也影响教师的课堂教学。那么,怎样滴才能使水滴既不多又不少呢? 滴水时,要让滴管口距载玻片约为1 cm,然后缓缓地挤压滴管的胶头,让水滴自然地滴落下来,这样的水滴就既不会多也不会少。

第二是适"取"。在撕取生物材料洋葱鳞片叶内表皮时,有的教师为了使学生很容易就在显微镜视野中找到所要观察的细胞,便让学生把洋葱鳞片叶内表皮撕大块些。若所撕取的洋葱鳞片叶内表皮过大,一方面,洋葱鳞片叶内表皮容易折叠而使细胞出现重叠现象;另一方面,在染色的过程中,只是洋葱鳞片叶内表皮边缘上少数的细胞易被染色,能看到细胞核外,中间绝大部分细胞(即用显微镜最容易观察到的细胞)不易被染色而不能看到细胞核,使学生对植物细胞的结构形成错误的认识。一般情况下,我们所撕取的洋葱鳞片叶内表皮,以边长约为3 mm的小正方形为宜。这样既方便用显微镜观察,洋葱鳞片叶内表皮上的所有细胞又容易被染色。同样的,在刮取人的口腔上皮细胞时,也并非所刮的次数和细胞的数量越多就越好,细胞数量过多,用显微镜观察时,虽然容易在显微镜的视野范围找到细胞,但是细胞会出现重叠现象,而看不清楚其结构。相反,如果玻片上的口腔上皮细胞较少,细胞就很少出现或者不会出现重叠现象,我们更能看得清楚它的结构。所以,刮取口腔上皮细胞时,只刮两三下就可以了。

第三是智"染"。染色时,要用滴管在盖玻片的一侧滴碘液,但滴法与我们滴清水或生理盐水时的方法不同。如果让滴管口距玻片较远去滴碘液,一方面会振动盖玻片,使盖玻片移动位置。若染的是人的口腔上皮细胞装片,由于盖玻片移动位置,口腔上皮细胞就不在盖玻片的中心位置上,用显微镜观察时就很难在视野中找到口腔上皮细胞。另一方面,碘液会溅到盖玻片上,影响染色效果和对细胞的观察。这时,应当把滴管口放到载玻片上,紧靠盖玻片的一侧去滴碘液。这样既不会振动盖玻片让盖玻片移动位置,碘液也不会溅到盖玻片上影响染色效果和对细胞的观察。

2.2 使用显微镜就能成功地观察到细胞,是实验的中心

口腔上皮细胞临时装片制作好了,而且临时装片的制作没有出现任何问题,可是很多同学拿到显微镜下观察时总是找不到口腔上皮细胞。这时教师就要进行指导,让学生先调节调焦螺旋,待在显微镜的视野中清晰地看到了东西或黄色的碘液时停下来,再用双手前后左右缓缓地移动玻片,移动的范围不宜过大,这样就可以在显微镜的视野中找到口腔上皮细胞。然后把没有出现重叠现象的一个或几个细胞调到显微镜视野的中央,再换用高倍镜来观察。但是,换用高倍镜以后,往往还不一定就能观察到口腔上皮细胞。因为我们观察到细胞在显微镜视野的中央时,如果稍微移动一下眼睛的位置,细胞在显微镜视野中的位置也将出现变化。这就说明观察时我们的眼睛不是处在目镜的正上方,虽然观察到细胞在显微镜视野的中心位置,但是细胞实际并没有处在显微镜视野的中心位置,所以换用高倍镜观察就不能观察到口腔上皮细胞。必须再用低倍镜把细胞移到视野的中心位置,再换用高倍镜来观察,这样才能使学生准确而又快速地在显微镜视野中观察到口腔上皮细胞。

2.3 教师要适时指导,让学生分步进行实验,是实验成功的关键

对于比较简单、容易操作的实验过程与步骤,教师可以让学生自主地完成。但是对于比较复杂、操作容易出现错误的实验过程与步骤,教师要一边讲解、一边让学生进行操作。特别是前面提到的,用低倍显微镜观察到口腔上皮细胞以后,要把不出现重叠现象的一个或几个细胞移到视野的中央,再换用高倍镜来观察。这样,既可以降低实验的难度,又保证学生能在既定的时间内快速而又准确地完成实验任务,让学生体验到使用现代化仪器设备进行实验的乐趣和实验成功的喜悦心情,激发学生学习实验的兴趣,提高学生学习实验的积极性和主动性,增强学生学习实验的自信心和自豪感。同时,也使得教师的课堂实验教学变得更加活跃而有意义,达到提高教学质量的目的。

生物课程改革中采用探究教学法
对细胞质壁分离实验的实践

王立苹

（贵州省都匀市第三中学,贵州都匀　558000）

摘　要:"面向全体学生,提高生物科学素养,倡导探究性学习"是国家义务教育课程标准所遵循的新理念,其中"转变学生的学习方式,倡导探究性学习"是新一轮基础教育课程改革的重点和难点之一。本文以对探究性学习的认识为起点,探究细胞质壁分离和复原与外界溶液浓度的关系实验。

关键词:探究性学习　尝试　教学

1. 背　景

新一轮的国家基础教育课程改革正如火如荼地进行着。《普通高中生物课程标准》和《中学生物考试大纲》明确提出:改变课程实施过于强调接受学习、死记硬背、机械训练的现状,倡导学生主动参与、乐于探究、勤于动手的能力。探究式学习是一种新的课程理念和课程形态,对此,笔者对第三中学的在职生物教师关于能否把在新一轮基础教育课程改革中倡导的新方法应用到课堂教学中进行了一次调查。

1.1 研究方法

以编制调查问卷的形式进行调查研究。调查的主要内容:关于能否把在新一轮基础教育课程改革中倡导的新方法应用到课堂教学中。

从调查问卷可以看出,会把新一轮基础教育课程改革中倡导的新方法应用到课堂教学中的教师占40%,会一点的教师占46%,不会的教师占14%。出现这三种结果可能是教师对新课程改革的认识不透彻及基础教育课程改革下教师教学观念没有很好适应。国家基础教育课程改革能否成功，改革目标能否实现，关键在教师。就教师而言，要适应新课程教学，就必须通过继续教育对新课程充分理解，诚心接受，热情投入，有效实施，并根据新课程要求不断提高自身综合素质。因此，从上述意义上讲，此次课程改革所产生的更为深刻的变化，将首先反映在教师教学观念的转变上。现就对新课程改革的认识及基础教育课程改革下教师教学观念的应对进行分析。

1.2 探究性学习的认识

"探究"一词，《现代汉语辞海》解释为"深入探讨，反复研究"。"探究性学习"则是指通过组织学生进行各种活动，引导学生主动探讨，反复研究，自己发现问题，掌握规律，获得学习方法的过程。生物课程中的科学探究是学生积极主动地获取生物科学知识、领悟科学研究方法而进行的各种活动。科学探究通常包括：提出问题，做出假设，制订计划，实施计划，得出结论。进行科学研究是为了促进学生学习方式的改变，使学生能主动地获取生物科学知识，体验科学过程与科学方法，形成一定的科学探究能力和科学态度与价值观，培养创新精神。

2.探究性学习在课堂中的实践

探究性学习更强调的是学习的过程，因此，一项探究活动的教学过程，仍然应该有非常切合实际的、明确的教学目标和重点，让学生去探究、去发现，让他们亲自体验科学家是如何困惑于问题、如何假设问题的"答案"、考虑从哪些途径去解决问题，并从此渐渐地养成探究的态度、方法和思维。因此，问题的提出应以学生为本，符合学生的发展水平和能力，以便于让学生经过适当准备后就可着手进行，最终获得一个完整的探究过程。

2.1 提出问题

探究性课堂教学应变学生机械学习为主动参与、合作学习，通过观察、实验、调查等多种途径来获得事实和依据。爱因斯坦说过："提出一个问题往往比解决一个问题更重要。因为解决问题也许仅仅是一个数学上或实验上的技能而已，而提出新的问题，新的可能性，从新的角度去看待旧的问题，却需要有创造性的想象力,而且标志着科学的真正进步。"如:北师大版生物必修一第三章《细胞的物质代谢》第一节《细胞内外的物质交换》"探究细胞质壁分离和复原与外界溶液浓度的关系"活动中,学生提出问题:蔗糖溶液达到多大浓度时,细胞会发生质壁分离?

2.2 做出假设和制订计划

高明的假设应当"在不疑处设疑",应当是透过现象看本质,当学生发现问题后,脑海中会出现一个个猜测性答案。围绕问题,做出假设、制订计划并进行探究实验。如:做出假设——当蔗糖溶液浓度大于细胞液浓度时,细胞失水,会出现质壁分离现象;当蔗糖溶液浓度小于细胞液浓度时,细胞吸水,质壁分离复原。制订计划——将一定量的不同浓度梯度的蔗糖溶液分别加入不同的培养皿中(梯度可设计为10%、20%、30%、40%),然后把剥离好的洋葱鳞片叶表皮2~3块浸入各个培养皿的蔗糖溶液中,10 min后,取出洋葱鳞片叶表皮,制作临时装片,进行观察。

2.3 实施计划和得出结论

计划的制订,有待于验证。通过梯度实验进行探究,然后通过具体的数据分析是否符合假设。有的学生甚至还发现了新的实验材料,如腌萝卜。有的同学还设计如果将蔗糖浓度为30%的蔗糖溶液改为蔗糖浓度为50%的蔗糖溶液,可使植物细胞的质壁分离现象更为明显,但不能复原,其原因是细胞失水过多,致使细胞死亡。由此得出正确结论,当蔗糖溶液浓度(40%)大于细胞液浓度时,细胞失水,会出现质壁分离现象;当蔗糖溶液浓度(10%)小于细胞液浓度时,细胞吸水,质壁分离复原现象比较明显。学生在这一阶段中学会了观察、思考,体验到了成功的喜悦,或总结了失败的经验,意识到科学探究可以通过观察等多种途径来获得事实和依据,但同时也需要推理和判断,明白了"实践是检验真理的唯一标准"的真理性。

3. 探究性学习使学生能力得到升华

3.1 学习过程的参与性和自主性

探究性学习改变了以往学生被动接受的学习方式,创造条件让学生能积极主动地探索、尝试,更好地发挥个人创造潜能,真正成为学习的主人。整个探究过程由学生操作,应该说,在探究性学习中,教师只起指导作用,扮演的角色更多的是指导者、协助者、参与者。学生在课堂上进行的科学探究活动,归根结底是让学生亲自体验和理解知识形成的过程。科学探究活动与知识之间存在双重的关系:一方面,探究是为了让学生获取科学知识。学生通过探究等自主方式获得的知识,可以理解得更透彻、掌握得更扎实,更容易在新的情境中去运用知识、思考和解决问题。因此,探究活动不仅是发展学生能力的过程,同时也是学生主动地建构知识、习得概念的过程。另一方面,学生探究新的问题、获得新知识的任务能够得以完成,要基于他们对原有科学概念、原理、定律和理论及相关知识、技能的了解和运用。

3.2 师生关系的互动性和平等性

在整个探究活动中,教与学的关系在新的课堂教学中最为突出的是,教师已从台前退到幕后,在与学生融为一体,去感受学生的想法,让学生由衷地感受到教师的亲近性。师生互动密切了、平等了,课堂气氛轻松了,也就构建了民主、和谐、平等的师生关系。

3.3 学生交流的平等性与尊重性

探究过程需要学生的合作。在实践过程中,学生学会了相互倾听,懂得了尊重和赞赏别人的观点,平等地看待每一个小组的成果。

4. 结 论

高中生物的考试按照"考查基础知识的同时,注重考查能力"的原则,确立以能力立意命题的指导思想,在考查基础知识的基础上,注重对生物思想和方法的考查,注重对探究能力的考查,增加应用型和能力型的试题,加强素质的考查,融知识、能力与素质于一体,全面检测考生的生物科学素养。生物学科的命题着重展现生物的科学价值和人文价值,同时兼顾试题的基础性、综合性和现实性,重视试题的层次性,合理调控综合程度,坚持多角度、多层次的考查,发挥生物考试的区分选拔功能和对中学生物教学的积极导向作用。

总之,探究性学习作为一种新型的学习形式已渐渐成为学习方式的主流,让学生在主动参与过程中进行学习,让学生在探究问题的活动中获取知识、领悟科学观念、培养科学精神。探究性学习进入学生的生活,打破了学生认识过程中的思维定式,发展了创新思维,可以激发学生的学习兴趣和参与意识,培养他们学习的主动性,形成客观而实事求是的科学态度和不懈的进取精神。在新一轮的课改中,探究性学习作为一种能够有效培养学生科学素养的教学方法,受到极大的重视,成为课程改革中转变学生学习方式的一个突破点。随着教学改革的不断深入和人们观念的改变以及认识水平的提高,相信培养学生探究能力的必要性和重要性将会越来越显现出来,这对教师提出了更高要求。古人曾说:"授人以鱼,只供一餐,授人以渔,可享一生。"教师只有让学生掌握一定的学习方法,并能选择和运用恰当的方法有效地进行学习,才能确保学生的主体地位,真正体现学生的主体参与,培养出高素质、高技能的创新型人才。

参考文献

[1]中华人民共和国教育部.义务教育生物学课程标准2011年版[S].北京:师范大学出版社,2011.

[2]韦延清.对初中学生生物学实践能力评定标准的研究[J].中学生物教学,2012(9).

[3]夏涛.开展学生课题研究实现创新教育[J].教育创新,2000(1).

浅谈如何利用
生物新教材进行小实验设计

石道涛

(贵州省平塘县第二中学,贵州平塘　558300)

摘　要:在义务教育课程标准实验教科书的新背景下,实验内容大大增加,各科知识内容相互渗透,探讨如何充分利用生物新教材资源进行小实验设计,以达到帮助学生理解一些抽象的理论,提高学生的科学素养,是本文的目的。

关键词:新教材　小实验　抽象理论

1. 背　景

人教社新版初中生物教材的显著变化之一是实验内容大大增加了,于是给很多原本习惯传统教学模式的教师增加了教学难度。我校生物教师较少,所执教的班级较多,生物实验室只有一个,无专职生物实验教师,实验课难以组织,这些都是我校客观存在的事实。为了实现新课程标准提出的三大理念,初中生物学教师必须迎难而上,不但要组织好实验教学,而且还要针对一些抽象理论或较难理解的知识点设计一些简便小实验,以帮助学生理解知识难点,并提高他们的学习兴趣。由此,本人在平时的教学中设计了一些简易小实验来辅助学生对几个知识难点的理解,取得了一定的效果,下面举几个例子,供同仁参考。

2. 小实验设计辅导生物抽象理论的教学示例

2.1 理解"物理性消化对化学性消化的作用"

学习到人教版生物学七年级下册《消化和吸收》内容时,"牙齿的咀嚼、肠胃的蠕动、胆汁的乳化等物理性消化对化学性消化的作用",许多学生对此不太理解。

教师可这样设计一组对照实验,取两个烧杯并注入同样多的水,其中一个烧杯里放一整块方糖,另一个烧杯里放碎糖(将与前者同样大小的一块方糖捣碎而成),然后将两个烧杯都轻轻摇动,观察哪一个溶解得快。实验中把水看作是化学性消化中的消化液,不同大小的糖看作是物理性消化中的食物,通过观察实验现象可以推测出物理性消化对化学性消化的作用。

2.2 理解"皮肤排出汗液具有调节体温的作用"

对"皮肤排出汗液具有调节体温的作用"可设计如下的实验来验证:用两个棉球(一个是干的,一个是湿的)分别包在温度计的圆球上(温度计的起始温度相同),过几分钟观察温度计因为水分蒸发吸收热量而温度变低,由此可以帮助学生分析推论出"皮肤汗液的蒸发具有调节体温的作用。"

2.3 理解"输送血液的泵——心脏"

人们常说"水往低处流",而当我们教学到人教版生物学七年级下册《输送血液的泵——心脏》时,血液在心脏这个"泵"的作用下可以向高处流动,为什么呢?动力真的是来自心脏吗?教师为了帮助学生理解这一问题,可针对这一现象设计一个小实验来探究。实验方法:用一个塑料瓶灌满稀释的红墨水(代表心脏和血液),盖上盖并连通一根透明塑料管(如打吊针用的输液管,用它代表血管),然后将瓶放在胸部,塑料管垂下到脚趾处后再弯上来(注意弯处不要折叠管子),塑料管管口与瓶盖齐平并连通一个空瓶,再用力挤压盛有红墨水的空瓶(代表血液从心室出发),观察红墨水是否流到空瓶内(代表心房)。再联系心脏有厚厚的心室壁收缩,便可理解心脏这个"泵"的功能了。

2.4 简易的肺活量测量方法

肺活量的大小是衡量一个人肺通气能力大小的指标,在学习到肺活量的测量时(测量胸围差),如果学校因没有肺活量计而无法测量,教师可采取简易实验办法。实验方法是让学生先尽量吸气,然后尽一口气所能吹一个气球,吹完捏紧末端;另一个学生用皮尺测量气球最宽处的周长,放出气球里的空气;重复上述步骤,一共量3次。选最大一次的周长,计算其体积,便知吹气学生的肺活量。

2.5 了解"同型输血"的原则

在学习"输血与血型"的相关知识时,为了帮助学生了解"同型输血"的原则,或情况紧急时任何血型的人都可以输入少量的 O 型血,AB 血型的人除可输入 O 型血外,也可输入少量的 A 型或 B 型血,以较好地帮助学生理解人教版生物学七年级下册的"输血关系表"。教师可以这样设计:分别准备 4 块标有 A 型、B 型、AB 型、O 型的硬纸牌,让 4 位学生持牌上讲台分别扮演"受血者"和"献血者",台下座位分 4 组学生,每组学生分别持牌代表 A 型、B 型、AB 型、O 型血的人,台上 4 名学生与台下 4 个组分别互动表演"受血者"和"献血者"。这样的表演设计可加深学生对这部分知识的理解和掌握。

2.6 理解抗体、抗原

对人教版生物学八年级下册学生较难理解的抗体、抗原,教师可这样设计小实验:将一张较硬的纸剪成两半,并要求裁剪处残缺不齐,编号,一半代表抗体,一半代表抗原;再将多张纸按类似的方法剪开,也编号。然后让一部分学生拿"抗原",一部分学生拿"抗体",看哪些相互之间能吻合,以此帮助学生理解抗体的专一性及特异性免疫的相关知识。

综上所述,这些小实验所需的器材简便易得,有些甚至是废物利用,教师只需花点功夫即可。而通过小实验辅助教学,不但能使课堂气氛活跃,更能加深学生对知识的理解,也能培养学生的思维能力、实践能力、创新能力等,这也正是新课程理念所要求的。

如何在初中生物实验教学中培养学生的操作能力

石道涛

（贵州省平塘县第二中学,贵州平塘 558300）

1. 背 景

《全日制义务教育生物课程标准(实验稿)》明确指出:培养学生能力应与传授知识并举,即把二者放在同等重要的位置,由应试教育转移到素质教育,培养学生能力就是一个重要方面。在教学过程中,生物实验是一条重要途径。初中生物实验可以培养学生的观察能力、实验操作能力、分析能力、实验设计能力、综合应用能力等。而实验操作能力是整个实验中的主要部分,因此,必须科学地培养学生的操作能力。

2. 科学地培养学生操作能力的方法

2.1 明确操作目的

操作目的就是通过正确的实验过程,把实验设计的内容展现出来,为解决问题、寻求答案提供依据。例如,能正确使用显微镜观察植物细胞,才能把植物细胞的细胞壁、细胞质、细胞核和液泡看清楚,要正确使用光圈和物镜及目镜,光线强弱要控制适当,这样才能看到紧贴细胞壁的细胞膜,学生才能根据观察到的图像作图,达到熟练使用显微镜和观察细胞的目的。

2.2 培养学生科学的操作方法和求实态度

操作能力的提高,依赖于学生对实验仪器的了解,依赖于对有关知识的掌握。在生物作图时,要实事求是,要依据所看到的图像而作图,生物是自然科学,必须以实验为依据。

2.2.1 教会学生正确使用实验用具

教师要先教会学生正确使用实验用具,了解它们各部分的名称和作用,会观察一些现有的材料,例如细胞、组织切片、根尖、草履虫等。总之,通过观察实验,使学生达到熟练使用显微镜的目的。

2.2.2 学会制作观察材料

首先教会学生认识使用制作临时装片的工具和一般的材料,能进行观察,并作图;继而教学生用洋葱鳞片叶制临时装片,掌握取材、装片、染色、观察、作图几个重要环节;还要教会学生制作切片。比如,做叶片的切片时让学生知道,要用力拿紧两片刀片切下的材料才薄,用清水盛放,选取最薄的一片制得的切片效果最好。

3. 利用生物新教材进行小实验设计

设计用以辅导生物抽象理论的教学的实验。例如做观察脊蛙的反射实验时,要求学生准确去掉蛙的脑,会熟练地破坏脊髓,这样做出来的结果才会是最好的,得出的结论是:脊髓具有反射功能,属于低级的反射中枢。在长期的生物教学工作中,我深深地体会到:要想让学生学好生物知识,就必须让学生亲自做实验,把学到的知识运用到实践当中去,只有这样,才能让学生真正掌握所学到的知识,才能提高学生的实验操作能力;也只有这样,才能提高学生的综合素质。

浅谈初中生物实验课堂教学中学生发散思维能力的培养

石道涛

(贵州省平塘县第二中学,贵州平塘 558300)

摘 要:本文简要通过生物学教学中的一些实验案例、想法和体会,结合生物学是一门以实验为基础的自然科学,浅谈了笔者如何通过这些实验案例、想法和体会,对学生进行发散思维能力的培养。

关键词:初中生物 实验教学 发散思维

1. 背 景

初中生物教师不但要精心组织好每一堂课堂的教学,而且要在平时的教学中,利用一切机会、手段通过对学生发散思维能力的培养,促进和提高学生学习生物学的兴趣,激发他们的求知欲,这样才能达到好的教学效果,下面举一些例子说明。

2. 初中生物实验课堂中学生发散思维能力培养的教学示例

2.1 让学生形成重视生命科学的意识,激发学习生物的兴趣

教师要培养学生重视生命科学的意识。人的行为是由意识决定的,激发学生学习生物的兴趣,首先要从培养学生重视生命科学的意识开始。

2.1.1 教师要在教学中、平时生活中注重向学生渗透生命科学的重要性

抓住一切机会,利用各种场合、方法和手段,从生命科学对人类社会的影响和意义各个方面去说明生命科学的重要性。特别注意从学生身边的常见生物

及现象入手,循序渐进地向学生渗透,以激发学生的兴趣为起点。因为兴趣是最好的老师,只有学生有了兴趣,才会去关注和学习。所以,教师可利用课前几分钟介绍一些生命科学方面的最新进展,如小羊多莉的身世,利用学生对生物学的好奇心,提高他们的学习兴趣。

2.1.2 教师要采用迂回渗透的方法引起学生对生命科学的重视

单是生物教师强调生物的重要性,学生的兴趣不一定能提高,如果由其他科任教师、班主任、家长等强调生物学的重要性,会更有说服力。可利用校园附近的环境采摘一些植物、捕捉一些动物做启发。例如,采摘蕨类植物讲孢子囊中的孢子是一种生殖细胞,捕捉小动物蚯蚓讲它的形态结构及功能、生活环境等,这些既具体、又直观,学生看得见、摸得着。同时,教师可利用在城市里的公园、植物园、动物园春游、秋游时多做一些常规性讲解,可利用广播电视、报刊等去激发学生的兴趣,也可以利用学生在日常生活、工农业生产、医药卫生、环境保护等方面的切身体会,让学生明白学好生物的重要性。课堂上尽量与当地的实际情况相结合,使用当地的例子、名称和当地的一些生活饮食习惯。这样才能真正激发起学生在实验课堂中研究和探索生物学的兴趣和动力。

2.2 创设优良的实验学习情境,开发学生的发散思维

努力创设良好的学习情境,开发学生的发散思维。中学生正是长身体、长知识的时期,他们对知识具有较强的求知欲,激发学生对生物知识的求知欲,发散思维是非常必要的。

2.2.1 上好第一堂课调动学生的学习兴趣

"良好的开端是成功的一半",第一节课教学的成败,将会对后续教学的好坏产生举足轻重的影响。因此,第一节课教学必须精心准备,努力给学生留下难忘的印象。如笔者在上初一生物学《探索生物的奥秘》时,在教学过程中根据内容结构特点,适当列举了一些学生普遍接触过的生物现象。例如,为什么春、冬两季同学们易患流行性感冒,为什么春季有些学校、班级易患流行性腮腺炎。由于这些实例都是大部分学生亲身经历的,因此,问题的提出不仅吸引了广大学生的注意,激发了学生对问题的探究,更激发了学生学习生物学知识的欲望,生物学习的思维得到发散。

2.2.2 精彩的新课导入能使学生进入兴奋状态

新课导入能抓住学生的心弦,立疑激趣,促使学生情绪高涨,步入求知欲的

振奋状态。例如,在引入植物体的结构层次时,可提出以下问题:

(1)植物体与动物体的生长发育相似,都是由一个几乎要通过显微镜才能观察到的细胞(受精卵)发育而成,它们的发育过程是怎样的?

(2)一粒种子能长成一棵参天大树,但它是怎么从一个在显微镜下才能观察到的细胞发育而成的呢? 是否像农村建房子一样由一块块砖堆叠而成? 这样使学生发散思维,有兴趣地思考问题:细胞→组织→器官→植物体? 反之,无法启发学生思维,也无法促使学生积极思考,学生也不知道如何去学、该学什么。因此,新课引入的设疑是必不可少的。但是要注意设疑的方式,例子要生活化,问题要有趣、有思考性。

2.2.3 教师在整个生物教学过程中必须充满激情和爱心

人是一种有感情的动物,动之以情、攻心为上是教师调动学生的重要法宝,教师在整个教学过程中都必须充满激情和热情,使学生感受到教师对生物科学的热爱。同时体现实验的作用,让实验教学激发学生学习生物的兴趣。

2.3 教师要面向全体学生,更新观念,解放思想

在生物实验教学中,要想激发学生的学习兴趣,教师必须面向全体学生,更新观念,解放思想,不要让学生去模仿教师做实验,而要相信学生都能成功完成实验,允许学生实验失败,鼓励他们从失败中找原因,直至实验成功。要让学生从实验中品尝到成功的喜悦,从实验中体悟相关生物知识。教师要让学生带着明确的目的去实验、去探究,然后引导学生总结实验结论。这样既体现了教师的主导作用,又发挥了学生的主体作用,才能充分调动学生学习生物学知识的积极性。

实验教学总是与学生能力培养紧密联系,如何将生物实验教学与学生能力培养结合起来是所有生物教师要认真思考的问题。就生物实验教学中学生思维能力培养而言,我们要把握好以下几个方面的工作:首先,精心组织和设计实验内容,尽量把实验内容和学生生活实际联系起来,通过把学生实际生活中遇到的现象与生物实验联系起来,让学生体会到生活中的很多"为什么"在实验中都可以找到答案,只有这样,学生对于实验中出现的各种问题以及不同现象才会细致考虑,在参与实验过程中思维才会有方向,从而实现思维能力的培养目的。其次,认真构思好实验中的每个环节,确保实验的所有环节都能对学生思维能力的培养起到积极的推动作用。实验过程中,我们尤其要根据初中学生的心理特征,既要考虑实验目标的落实,也要根据学生对实验好奇的心理,优化实验方法,使学生产生积极的学习动机,并引导学生对实验过程中出现的现象进行仔细观察、记录,然后再通过对实验现象的分析,引导学生用学过的知识去思考,从而达到培养学生思维能力的目的。

总之,在生物教学中,教师如果能根据课本或学生现有的生活经验,采用各种生动有趣的实验辅助教学,把生物课题以新奇的方式展示在学生面前,使课堂气氛活跃,引人入胜,从而培养学生的学习兴趣,并使其在乐趣中获得知识,巩固知识,这样的教学方法无疑会产生良好的效果。同时也要理论联系实践,在实践中学知识、用知识,为中学生生物学的学习、探究奠定坚实的基础。

寓生物科学素养的培养于初中生物课本实验教学之中

石道涛

（贵州省平塘县第二中学，贵州平塘　558300）

摘　要：本文简要通过生物学课本中一些实验案例的分析举例，浅谈了笔者如何通过这些案例的教学，培养学生的生物科学素养。

关键词：课本　实验教学　科学素养

1．背　景

《全日制义务教育生物课程标准（实验稿）》指出，提高每个学生的生物科学素养是课程标准实施中的核心任务。"生物科学素养是指一般公民参加社会生活、经济活动、生产实践和个人决策所需的生物科学概念和科学探究能力以及相关的情感态度与价值观。"科学素养应该包含以下内容：科学知识与技能，过程、方法与能力，科学态度、情感与价值观。生物学属于自然科学领域，作为一线教师，应认真考虑如何把生物课上出"科学的味道"。笔者认为，不管是哪个实验，其过程本身都蕴藏着特定的科学研究方法，初中学生的认知发展正处于由形象思维向抽象思维过渡的阶段，科学方法论在他们的认知结构中是不可替代的，这些实验活动不仅使学生加深理解和掌握生物学知识，而且可以激发学生学习生物学的兴趣和积极性，在培养学生形成良好的个人素质方面也有重要作用。在新课程理念的引导下，通过师生的"教"与"学"的活动，科学实验能够使学生的科学素养得到切实地培养和提高。人教版初中生物学课本安排了大量的实验，笔者认为可巧用这些课本中的实验，并通过这些课本实验资源培养学生的生物科学素养,本人尝试从以下几个方面进行,对教学研究有所启发。

2. 培养生物科学素养的初中生物课本实验教学示例

2.1 提高实验操作能力,培养科学素养

生物课程标准中明确要求学生要学会正确使用显微镜等生物学实验中的工具和仪器,具备一定的实验操作能力。为此,人教版生物学七年级上册安排了"练习使用显微镜""制作并观察植物细胞临时装片""观察人的口腔上皮细胞"以及"绿叶在光下制造有机物"等科学实验。教师在教学这些实验中,为了更好地引导学生,在动手实验前可提出明确要求:一是玻片标本上的观察材料一定要对准通光孔的正中央;二是当转动粗准焦螺旋时,一定要缓慢,且眼睛看着物镜,以免物镜碰到玻片标本;三是在转动粗准焦螺旋过程中,若看到模糊的物体,只需轻轻上下转动细准焦螺旋即可找到清晰的物像。

教师对部分学生在操作中出现的错误现象,应及时指出其错误的原因:第一,物镜下降时没用眼注视物镜;第二,对光完成后还在移动显微镜;第三,不注意用左眼观察。又如,在进行"绿叶在光下制造有机物"的实验中,部分被遮光部分的叶片遇碘也变蓝,为了避免上述现象的发生,教师可帮助学生分析实验失败的原因。首先,可能是叶片遮光不严,有散光照射进去进行了光合作用,产生了淀粉。其次,因为叶片遮盖前没有对植株进行一昼夜的暗处理,造成叶片中原有的淀粉没有完全耗尽。

2.2 提高观察能力,培养科学素养

生物科学是一门自然科学,它研究的是生物的生命现象和生命活动的一些规律,一切均要尊重事实和规律,教师必须培养学生严谨的科学态度。为了培养学生的科学素养,必须培养学生的观察能力和实事求是的能力。为此,笔者在教学人教版生物学八年级上册第二章《动物的先天性行为和学习行为》时,先提前设计了一些问题,例如:①小猪刚出生就会吃奶吗?②一只幼蛛从刚出生之日就会织网吗?③在你看杂技时小猴会骑自行车是一种什么行为?④菜青虫为什么总是取食十字花科植物?⑤海豚会模仿人表演高音是一种什么行为?等等。然后让学生利用课余时间具体实地观察,这样不但培养了学生的实践能力、观察能力,使学生印象深刻,同时也培养了学生的科学素养。

又如,根据我校校园环境,在教学到《社会行为》一节内容时,"群体中的信息交流"课文是这样描述的:"群体中的分工合作需要随时交流信息。动物的动作、声音和气味等都可以起传递信息的作用。"教师根据此论述,让学生在校园周边观察正在地上"牵线"的蚂蚁,然后收集人的一定量唾液,放入正在"牵线"的蚂蚁中,然后观察后面的蚂蚁是不是找不到原先的行进方向,由此学生可以得出"蚂蚁的通讯"是通过气味进行的。大量的事实证明,观察是培养学生形成科学素养的一条重要途径。

2.3 引导学生开展探究性实验,培养科学素养

人教版生物学七年级上册"探究种子萌发的环境条件"这一实验,笔者在教学时,之前先布置学生回家或到市场上收集粒大饱满且活的菜豆种子,拿一个较大的一次性水杯,用一根小木棍分别在其位置的上、中、下部用细线绑上 3 粒菜豆,再向杯内放水齐至中间一粒的一半,让另一半暴露在空气中,这样下一粒种子完全浸没于水中,上一粒完全暴露于空气中,让学生把杯子放在温暖的地方。过段时间,叫学生观察,然后教师问学生哪一粒种子能萌发,学生肯定能答出是中间那粒。然后教师引导分析,学生根据实验结果自己总结出:适宜的温度、一定的水分、充足的空气是种子萌发所需要的环境条件。进而教师在此基础上提示学生本实验是在温暖条件下进行的,如果把本实验置于低温条件下(如冰箱中)得到的结果会一样吗?进而引入"实验组"和"对照组"实验的设置。教师通过以上探究性实验教学,达到培养学生科学素养的目的。

2.4 让学生在课本实验中感知领悟,培养科学素养

教师在教学中要充分通过课本中的演示实验,指导学生认识和使用一些简单的仪器,学习实验基本知识,了解一些基本的分组实验,包括验证性实验、探究性实验。例如,在学习人教版生物学七年级下册第二节《消化和吸收》一节内容时,学生可从教材中知道,胆汁是一种消化液,但是胆汁中没有消化食物的酶。这时有学生会困惑,唾液是一种消化液,它含有消化淀粉的酶,胆汁也是一种消化液,但不含消化酶。胆汁对于食物的消化究竟起什么作用呢?课堂中,笔者让专职实验员分发给每组学生 2 支洁净的试管,让学生向 2 支试管各注入 1 mL 花生油,然后向其中一支滴入几滴新鲜的猪胆汁并摇匀;作为对照,另一支试管滴入几滴水并摇匀。约 30 s 后,让学生边观察边思考这两支试管内的花生

油各发生了什么变化。这时教师再加以解释,学生便不难理解。通过以上简单易操作的演示实验培养学生认真细致的科学态度,掌握基本的科学方法,从而达到培养学生科学素养的目的。

2.5 提高学生对课本相关知识的验证能力,培养科学素养

人教版生物学七年级上册《水分和无机盐的运输》,笔者让学生自己实际操作,有的学生用红墨水,有的用蓝墨水,还有的用彩色水笔的各种颜色的墨水,但都能在木质部中观察到应该出现的结果。这样,教师不用多费口舌,学生便可得出水分和无机盐由导管向上运输的结论。

总之,培养学生的生物科学素养是全面实施素质教育的要求,在实验教学过程中,学生的思维活跃,不仅获取了科学知识,而且领悟了科学思想,培养了实事求是的科学态度。作为教师,我们要利用好课本中的实验资源进行教学,从多个方面和角度进行努力,培养学生的科学素养。

运用设计生物小实验的方法辅助抽象理论教学

石道涛

（贵州省平塘县第二中学，贵州平塘　558300）

摘　要:本文从介绍设计简易小实验的一些方法出发,探讨了如何在初中生物教学中,通过设计简易小实验来帮助学生理解抽象的知识点问题。

关键词:设计小实验　辅助教学

1. 背　景

初中生物教师不但要组织好实验教学,而且还要针对一些抽象理论或较难理解的知识点设计一些简便小实验,以帮助学生理解知识难点,并提高他们的学习兴趣。

因此,笔者在平时教学中,设计了一些简易小实验来辅助学生对知识难点的理解,取得了一定效果,下面举几个例子供同仁参考。

2. 运用设计生物小实验的方法辅助抽象理论教学示例

2.1 输导组织

人教版生物学七年级上册第二单元第二章第三节《植物体的结构层次》中,为帮助学生理解"输导组织"中的导管在根、茎、叶等处具有运输水和无机盐的作用,教师可以这样设计简易实验:师生在课前采集生命力旺盛的新鲜枝条,用一个纯净水瓶装满水并向其滴几滴已溶解的含有食盐的红墨水,然后往瓶中插入 1~2 支新鲜枝条,放在阳光下约 30 min,取出枝条并用枝剪剪断,让学生观察茎的断面有红色出现,以此帮助学生理解导管这一输导组织的输导作用。

2.2 关于对分子的理解

人教版生物学七年级上册第二单元第一章第四节《细胞的生活》中有这样一段描述:"科学研究证明,水、氧气、葡萄糖、蔗糖以及其他许多物质都是由分子组成的。"关于分子一词,对于七年级学生来说既陌生又抽象,难以理解。教师可在上课时设计这样的简便演示实验帮助学生理解:首先教师在一个比较大的烧杯中装满干净的水,然后在一个小烧杯中先配制好红色的液体(可用稀释的红墨水),然后慢慢地将小烧杯中的液体倒入大烧杯中,学生可观察到红色液体在大烧杯液体中扩散开来,教师指出红色液体的分子已挤进大烧杯水的分子之间的空隙中,如此可简易地帮助学生理解分子是一种比较微小的微粒,同时也能证明分子在不断地运动,为以后九年级化学课中进一步学习分子的知识作铺垫。同时,也为学生理解如此小的物质微粒为什么能够经过细胞的细胞膜进出细胞打基础。

2.3 消化和吸收

在教学人教版生物学七年级下册《消化和吸收》内容时,"牙齿的咀嚼、肠胃的蠕动、胆汁的乳化等物理性消化对化学性消化的作用",许多学生对此不太理解。教师可这样设计一组对照实验:取两个烧杯并注入同样多的水,其中一个烧杯里放一整块方糖,另一个烧杯里放碎糖(将与前者同样大小的一块方糖捣碎而成),然后轻轻摇动两个烧杯,观察哪一个烧杯中的糖溶解得快,以此帮助学生理解前述知识点。

2.4 测量肺活量

肺活量的大小是衡量一个人肺通气能力大小的指标。在学习肺活量的测量时(测量胸围差),如果学校因没有肺活量计而无法测量,教师可采取简易办法代替,方法是:让学生先尽量吸气,然后尽一口气吹一个气球,吹完捏紧末端,另一个学生用皮尺测量气球最宽处的周长,放出气球里的空气,重复上述步骤,一共测量 3 次。选周长最长的一次计算其体积,便知吹气学生的肺活量。

2.5 输送血液的泵——心脏

人们常说:"水往低处流",而当笔者教学人教版生物学七年级下册《输送血液的泵——心脏》时,学生产生了疑问:血液在心脏这个"泵"的作用下可以向高处流动吗? 为什么呢? 动力真的是来自心脏吗? 教师为了帮助学生理解这一问题,可针对这一现象设计一个小实验来探究,方法是:用一个塑料瓶灌满稀释的红墨水(代表心脏和血液),盖上盖并连通1根透明塑料管(如医用输液管,用它代表血管),然后将瓶放在胸部,塑料管垂下到脚趾处后再弯上来(注意弯处不要折叠管子),塑料管管口与瓶盖齐平并连通一个空瓶,接着再用力挤压盛有红墨水的塑料瓶(代表血液从心室出发),观察红墨水是否流到空塑料瓶内(代表心房)。再联系心脏有厚厚的心室壁,心室壁由心肌构成,心肌能不断地有节律地自动收缩和舒张,学生便可理解心脏这个"泵"的功能了。

2.6 输血与血型

在学习"输血与血型"的相关知识时,为了帮助学生了解"同型输血"的原则或情况紧急时、任何血型的人都可以输入少量的 O 型血,AB 血型的人除可输入 O 型血外,也可输入少量的 A 型或 B 型血,以较好地帮助学生理解人教版生物学七年级下册的"输血关系表"。

教师可以这样设计:分别准备 4 块标有 A 型、B 型、AB 型、O 型的硬纸牌,让 4 名学生持牌上讲台分别扮演"受血者",台下有 4 组学生. 每组学生分别持牌代表 A 型、B 型、AB 型、O 型血的人,台上 4 名学生与台下 4 个组分别互动表演"受血者"和"献血者"。这样的表演设计可加深学生对这部分知识的理解和掌握,同时也培养了学生的协作精神。

2.7 皮肤排出汗液具有调节体温的作用

关于"皮肤排出汗液具有调节体温的作用"可设计如下实验来验证:将两个棉球(一个是干的,一个是湿的)分别包在温度计的圆球上(起始温度均相同),几分钟后观察温度计,发现用湿棉球包的温度计因为水分蒸发吸收热量而温度更低. 由此可以帮助学生理解"皮肤排出汗液具有调节体温的作用"。

2.8 对于抗体、抗原的理解

人教版生物学八年级下册学生较难理解的知识点有抗体、抗原,教师可这样设计小实验:将一张较硬的纸剪成两半,并要求裁剪处残缺不齐,编号,一半代表抗体,一半代表抗原;再将多张纸按类似的方法剪开,也编号。然后让一部分学生拿"抗原",一部分学生拿"抗体",看哪些纸张相互之间能吻合,以此帮助学生理解抗体的专一性及特异性免疫的相关知识。

2.9 对健康地生活的理解

生物课程标准在内容标准中明确提出,人们应学会"健康地生活"。故在人教版生物学八年级下册第八单元第三章第二节要求人们学会"选择健康的生活方式",但是就大部分学生而言在实际生活过程中并非如此。就拿吸烟有害健康来说,教师可以这样设计一个简易实验:取一透明干净的玻璃瓶或纯净水饮用瓶,将泡沫或棉花放入瓶中代表人的肺,用一支吸管插入泡沫或棉花中代表人的呼吸道,用凡士林密封瓶口,点燃几支香烟,用注射针筒收集烟雾,不断通过吸管向瓶中注射烟雾,约几分钟后,可观察到瓶中的泡沫或棉花变黑。此时教师顺势引导或通过视频结合电视台的报道,讲解很多人吸烟危害健康的实例,以此帮助学生理解吸烟对人体健康的危害,从而达到矫正青少年学生认为吸烟很时髦的想法。又如,心脑血管疾病被称为"生活方式病"或"现代文明病",动脉硬化是心血管疾病中的一种常见病,为了使学生形象地了解脂类沉积物是怎样影响动脉中血流的通过的,可这样设计小实验:将 200 mL 稀释的红墨水慢慢倒入漏斗(漏斗的底部代表血管,红墨水代表血液,漏斗底下用一个烧杯接着流下的红墨水),教师演示操作,学生亲自记录流过漏斗总共需要的时间。然后沿着漏斗颈的底部抹上适量凝固的猪油,并用牙签在其上戳一个洞,再按上述操作方法倒入红墨水,并记录流过的时间。将两次时间进行比较,便可帮助学生理解动脉硬化对血流的影响程度,从而使学生明白为什么我们必须从儿童和青少年时期起养成健康的生活方式。

综上所述,这些小实验所需的器材简便易得,有些甚至是废物利用。教师只需在教学中用心观察和思考即能就地取材。通过设计小实验辅助教学,不但能活跃课堂气氛,而且能加深学生对知识的理解,更能培养学生的思维能力、实践能力和创新能力,这正是新课程理念所要求的。

参考文献

中华人民共和国教育部. 义务教育生物学课程标准 2011 年版[S]. 北京:北京师范大学出版社,2011.

初中生物实验教学改进的点滴

索绍波

（贵州省平塘县第二中学,贵州平塘　558300）

摘　要:生物学是一门以实验为基础的自然学科,实验教学在生物教学中举足轻重,占有不可取代的地位。因为生物实验既能培养学生的观察能力、操作能力和创造能力,又能让学生从实验中获取知识,得出结论,开拓思维,可以激发初中生学习生物学的兴趣,培养实事求是的科学态度。

关键词:生物实验　改进　创新

1. 背　景

本人从事初中生物教学 20 年来,经历了多种版本的教材,经过对多种版本教材的梳理得出:老教材的优点是知识系统性强、连贯;缺点是适合灌输式教学,学生被动学,没有主动性和创新性。新教材的优点是灵活,贴近生活,增加了实用性,适合探究式学习模式,学生参与度高;缺点是知识跳跃性大、零散,任课教师必须有较宽的知识面才能精彩地把知识传授给学生。当然不管是老教材还是新教材,生物实验在初中生物教学中仍然是很重要的,占有不可取代的地位。因为生物学是一门以实验为基础的自然学科,生物实验既能培养学生的观察能力、操作能力和创造能力,又能让学生从实验中获取知识、得出结论、开拓思维,可以激发学生学习生物学的兴趣,培养实事求是的科学态度。笔者对人教版初中生物新教材上的实验进行了梳理,其中学生实验共有 15 个,探究实验共有 14 个,教师演示实验共有 5 个,模拟实验 1 个。其中人教版生物学七年级上册有 9 个学生实验,4 个探究实验,4 个演示实验。人教版生物学七年级下册有 3 个学生实验,3 个探究实验,1 个演示实验。人教版生物学八年级上册有

2个学生实验,4个探究实验。人教版生物学八年级下册有1个学生实验,3个探究实验,1个模拟实验。新教材的实验量大,对于农村中学来说,要全部完成实验确实有难度,但基本不做实验又违背了教学规律,扼杀学生学习生物学的兴趣。

2. 初中生物实验教学改进的点滴

为了使初中生物实验能正常地开展,激发学生的学习兴趣,笔者经过多年的摸索,对初中生物实验做了一些改进,在此与同仁们分享。

2.1 正常开展常规实验,培养学生的观察能力、操作能力、创造能力,激发学生的实验兴趣

对"练习使用显微镜""制作并观察植物细胞临时装片""观察人的口腔上皮细胞""观察人体的基本组织""观察种子的结构"等实验,指导学生严格按照实验步骤进行实验,学会对实验现象进行分析,得出结论,激发学生的实验兴趣。

2.2 利用学生的好奇心,鼓励学生参与实验准备工作,激发学生参与实验的兴趣

七年级学生好奇心强、好动、爱问,因此在做"观察草履虫"这个实验时,先问学生:"有没有看见草履虫的同学? 用肉眼可以看到草履虫吗?"然后利用他们的好奇心,让学生和教师一起动手培养草履虫。做法是:让学生用一个杯子装大半杯水,然后取一些稻草,选择靠近根部的几节剪成短节(这部分常有草履虫的包壳),浸放在杯子里的水中,滴1~2滴牛奶(可加速草履虫的繁殖),盖上玻璃防止灰尘落入,把这个装置放在温暖、光亮的地方。5 d后,每个同学用各自的培养液进行观察。做法是:取少许擦镜纸纤维放在载玻片上,滴上草履虫的培养液,盖上盖玻片在低倍镜下观察,可见到在纤维间大的草履虫的身体前端圆,中间较宽,后端较尖,外形像一只倒放着的草鞋,进行着旋转运动,穿过纤维时可以看到它的纤毛都会有节奏地摆动。然后让学生在一块干净的载玻片的一边滴上一滴草履虫培养液,另一边滴上1滴清水,用牙签把2滴水连通,观察到较多的草履虫仍然在培养液中活动。若在草履虫培养液的一侧放少许食盐粒,再观察时就会发现草履虫沿着连通水跑到清水这边来活动。通过分析实

验活动,学生知道了:草履虫是动物界中最原始、最低等的单细胞动物,它靠纤毛的摆动在水中旋转前进,它对不同的刺激有不同的反应(趋向有利刺激,躲避有害刺激)。通过参与实验准备活动,学生对做实验的兴趣大增,学习兴趣更浓,实验效果更好,实验开展得很顺利。

2.3 把部分学生实验改成教师演示实验,并用幻灯片在课堂上展示,让有兴趣的学生在课外完成这些实验

(1)"绿叶在光下制造有机物"是人教版生物学七年级上册的学生实验,本实验时间长,一般不能正常开展。因此,笔者利用休息日和同事一起完成本实验,并把实验过程进行录像,制成幻灯片后在课堂展示,要求有兴趣完成实验的学生积极报名参加"生物实验兴趣小组",利用课外时间指导"兴趣小组"开展实验。

(2)"观察酵母菌和霉菌"是人教版生物学八年级上册的学生实验,酵母菌的培养需要的时间长,学生也不知道怎样培养酵母菌。因此,笔者利用休息日先培养酵母菌,具体操作如下:①用蔗糖液培养,在盛有 100 mL 的三角烧瓶里加 5 g 蔗糖,煮沸。等到溶液稍稍冷却,加一小块鲜酵母,用玻璃棒搅拌均匀;再用棉絮塞紧瓶口。然后把烧瓶放在 25～30 ℃ 温暖的地方,数小时后就可见到溶液里有气泡产生,并散发出酒味。这是因为酵母菌正在把糖分解成乙醇和二氧化碳。②两三天后吸取溶液在显微镜下观察,就可看到已培养出大量的酵母菌。把培养酵母菌的实验过程进行录像,制成幻灯片,在实验课上先展示后,让学生取酵母菌培养液进行观察,完成本实验。

对于时间教长的实验,我们可以改变方法,把这些实验过程制作成幻灯片在课堂上展示。这样既节约时间,又能使实验正常开展,且实验效果好,同时可培养学生学习的积极主动性。

2.4 对部分探究实验的实验材料和实验方法加以改进,使实验操作更加简便,激发学生的创新能力

(1)"种子萌发的环境条件"是人教版物学七年级上册的探究实验,该实验主要让学生对探究实验结果进行分析,得出种子萌发的环境条件是:适宜的温度、一定的水分和充足的空气。但要看到实验现象,需要很长的时间,操作不简便。为此,笔者对本实验做如下改进:①选 60 粒完整饱满的黄豆种子(能发芽的),20根小竹签(大小、粗细、长短一样),2个大烧杯,少许棉线,少许细铁丝备用。②在每根小竹签上分别绑上3粒黄豆种子(种子的位置是上、中、下),要求20根小竹签上3粒种子的高度一样。把细铁丝弄成2个"井"字形,分别固定在大烧杯口上。③分别把20根小竹签直立在2个大烧杯的"井"字形中固定(1个烧杯10根竹签),要求每根细竹签的间隔距离一样。然后往烧杯里加水,使每根竹签中间那粒种子一半在水中一半在水面上,上面那粒种子暴露在空气中(设置缺水的环境),下面那粒种子浸没在水中(设置缺少空气的环境)。④把一个装置放在温暖的地方,一个装置放在冰箱里。过几天后观察,看哪个装置的哪粒种子萌发。

这一实验既有实验组,又有对照组,且操作简便易行,能更好地帮助学生理解和掌握种子萌发所需要的环境条件这一知识点,实现教学目标的同时,既抓住了本节的重点,又突破了难点,可谓一举两得。通过对实验材料和实验方法的改进,使实验操作更加简便,激发学生的创新能力。

(2)"酒精或烟草浸出液对水蚤心率的影响"是人教版生物学八年级下册的探究实验。本实验主要让学生对探究实验结果进行分析,得出结论:酒精对水蚤的心率有麻醉作用,烟草浸出液对水蚤的心率有促进作用。但这个实验未能更加直观的展示吸烟对人体的肺部的具体影响,学生对吸烟的危害没有深刻的印象。为了能让学生对吸烟的危害更直观、更深刻,笔者对这个实验进行如下改进:①材料:一个透明塑料软管(刚好能插入一支香烟),一个注射器,长方形的泡沫,棉花,香烟一支,一杯水。②方法步骤:本实验用棉花模拟人的肺,用注射器模拟人吸食香烟。把塑料软管做成"U"形固定在长方形的泡沫上,在塑料软管的一端先插上一支香烟,另一端放入一团棉花,用注射器插入有棉花的一端拉活塞模拟吸烟。为了不让教室充满烟雾,可将注射器吸来的烟雾吹入装有水的杯子中,减少香烟燃烧的烟雾对学生健康的危害。反复抽吸完以后,取出管内的棉花和桌上的棉花进行比对,发现管内的棉花变黄了,从而证明香烟燃烧后产生的化学物质会使肺发黄变黑,危害人体的健康。

此实验的优点是:操作简便易行,现象明显,能吸引学生的注意力,激发学习的兴趣。所以从实验材料、实验方法上对实验进行改进,能节省课堂时间,化繁为简,使实验方法灵活,设计新颖简便,能促进学生创新能力的发展。

总之,要正常开展初中生物实验课,需要我们一线教师不断地探索,寻找适合自己的一套教学方法,使学生对生物实验感兴趣,从而激发学习的主动性和创新性。

参考文献:

[1]李伟.初中生物新课程教学法[M].长春:东北师范大学出版社,2005.

[2]徐作英,王玉瑶.生物教学实施指南[M].武汉:华中师范大学出版社,2001.

设计精彩片段辅助实验教学

索绍波

（贵州省平塘县第二中学,贵州平塘　558300）

1. 背　景

生物学是一门以实验为主的自然科学,通过生物学实验,不仅可以让学生体验到探究的乐趣,更重要的是能培养学生的动手能力、创新精神,养成实事求是的科学态度。但是由于条件的限制,再加上学生平时缺乏训练,动手操作能力有限,因此往往不能很好地完成探究任务。而教师面对人数众多、时间有限这一现状,也不能对学生的操作过程逐一进行指导,以致实验课效率不高。笔者认为,为了达到实验目的,收到良好的效果,提高实验课的效率及教学质量,生物教师在教学中可以设计一些精彩片段来辅助实验教学,以提高学生学习的积极性,培养学生的动手操作能力,这样会收到事半功倍的效果。下面是笔者设计的几个实验精彩片段,经过多次尝试,收到很好的教学效果。

2. 设计精彩片段辅助实验教学

2.1 观察实验

观察种子的结构:目的要求和材料用具见人教版生物学七年级上册"观察种子的结构"实验。

方法步骤:

(1)按照教材的方法步骤,教师先引导学生用放大镜观察大豆种子(由外到内观察):①大豆种子的外形(肾形);②外部结构(种脐、种孔);③整体结构(种皮、胚)。然后用牙签和放大镜在教师的指导下观察胚芽、胚根、胚轴,知道胚的结构。

(2)观察玉米种子:①观察玉米种子的外形,指导学生把玉米切开;②在切面上滴一点碘液,观察切面出现的现象。哪部分变色?不变色的部分叫什么?它有哪些结构?

(3)教师用投影仪演示一遍观察过程,让学生牢记种子的各部分结构,并找出两种种子结构的相同点和不同点。

笔者增加用投影仪来辅助实验观察,学生对观察过程更加清晰,所学的知识得到了巩固,实验效果较好。

2.2 探究实验

笔者对人教版生物学七年级上册"种子萌发的环境条件"探究实验进行了如下改进:

(1)用一根竹签绑上3粒大豆(位置为上、中、下),这样的竹签多绑些,把绑有种子的3根竹签斜靠放在一个烧杯中,往烧杯里加水,让每根竹签最下面的种子浸没在水中;中间的种子一半浸没在水中,一半暴露在空气中;最上面的种子不沾水(完全暴露在空中)。做好两个这样的装置,为1号装置、2号装置备用。

(2)把1号装置放在温暖的环境中几天后,哪些种子萌发?哪些种子不萌发?为什么?

(3)把2号装置放在冰箱里,几天后,哪些种子萌发?哪些种子不萌发?为什么?

(4)在对照实验中,实验组、对照组、变量各是什么?

通过改进,学生能快速地找到种子萌发的环境条件,同时也复习了对照实验的有关知识,把前后知识连贯起来,加深学生记忆。

2.3 演示实验

呼出的气体中,二氧化碳含量增加。

(1)把粉笔头弄碎化成粉笔水(石灰水),澄清,分别倒在2个一次性杯子中(各半杯),用薄膜密闭盖好(透明胶布粘),贴好标签为1号和2号,备用。

(2)用2根吸管插入杯子中,同时放在口里。在吸入气体时,用左手捏紧1号杯子吸管,右手松开2号杯子吸管。在呼出气体时,用左手松开1号杯子吸管,右手捏紧2号杯子吸管。

结果:1 号杯子的石灰水变浑浊。

这个实验笔者要求学生自己利用课外时间收集粉笔头,并把粉笔头弄碎化成澄清的粉笔水(石灰水),放在教室备用。课堂上教师先演示给学生,然后把学生分为 4 人一组,1 个学生演示,其他学生观察,结果学生参与实验的兴趣大增,效果不错。

2.4 模拟实验

生男生女机会均等。

实验目的:探究生男生女的概率。

实验准备:

(1)请学生们 4 人一组,准备黑、白两种不同颜色的围棋子和 2 个容器。

(2)将其中一个容器放入 10 个黑色围棋子代表含"X"染色体的卵细胞,将另外一个容器放入 10 个黑色围棋子和 10 个白色围棋子分别代表含"X"和"Y"染色体的两种精子。

实验步骤:

(1)抽取:请 2 位同学分别从 2 个容器中随机抽出一粒棋子。

(2)判断:若都是黑子,则表示为"生女",若是一黑一白,则表示为"生男"。请 1 名同学记录。

(3)统计:共抽取 10 次,统计"生男"和"生女"的次数,在下表中的相应位置打"√"。

性 别	次 数										合 计
	1	2	3	4	5	6	7	8	9	10	
生男(XY)											
生女(XX)											

注意事项:一次实验完成后,必须把抽取出的棋子放回容器中并重新摇匀。

本节内容少,学生对受精时精子与卵细胞结合的随机性不是很理解。补充这个模拟实验可以让学生形象地模拟到受精时精子与卵细胞结合的随机性,了解生男生女的机会是均等的。

总之,以上 4 个实验精彩片段的设计,不仅可以让学生体验到参与实验的乐趣,更重要的是能培养学生的动手能力、创新精神,提高学生的学习积极性和主动性。

初中生物对照实验设计能力的培养

肖俊华

（贵州省福泉市陆坪镇初级中学,贵州福泉 550504）

摘 要:生物实验设计能力既是实验能力的重要内容,也是实验能力的最高层次,其本身具有较强的综合性、创造性和灵活性等特点。生物学作为一门实验性学科,十分重视学生科学探究能力的培养。

关键词:生物 教学 能力 设计

科学探究通常包括提出问题、做出假设、制订计划、实施计划、得出结论、表达和交流。针对初中学生正处在形象思维向抽象思维过渡的关键时期,新教材进行了有益的尝试,在探究活动的设计安排上注意梯度的设计及生物科学素养的渗透。新教材的实验以探究为主,着重培养自主学习能力。

培养学生的生物实验设计能力,是中学生物教学大纲明确提出的培养学生的四种能力(观察能力、思维能力、实验能力和自学能力)之一。

在生物实验中,其基本思想就是"对照",大多数生物实验是根据对照性原则进行设计的。在实验设计中,通过设置对照组,可排除无关变量的影响,减少实验误差。如人教版生物学八年级上册技能训练"评价实验方案"中找出每个方案的实验组和对照组,大部分学生就非常模糊,思维混乱。学生思维能力发展的方向及质量,体现在教师的教学思路和方法上,因此要求教师在教学过程中必须自身首先明确概念,在各探究实验中有意识地进行渗透和指导,使学生在设计能力、思维上得以真正的深化提高。本文对初中教材中探究实验涉及的对照实验略作探讨。

自然界的某种现象是多种因素综合作用的结果。在设计实验时,一方面要通过选择最佳的处理方法,使混杂变量减少到最小;另一方面要设计有效的对照实验,排除无关变量的干扰,以减少实验误差,增加实验的可信度。对照实际上是另一种处理,调节着潜在的混杂变量(不管存在与否)。任何实验都存在许多潜在的对照实验。

实验设计中可采用的对照方法很多,大致分为以下几种:

(1)空白对照:不给对照组任何处理因素。如人教版生物学七年级下册"证明唾液淀粉酶的作用"的实验中,每支试管都加入馒头碎屑,第一支试管注入2 mL唾液,第二支试管注入2 mL清水,不进行任何处理作为对照。

(2)条件对照:给实验组某种处理,给对照组另一条件的处理。如人教版生物学七年级上册"探究草履虫的应激性"实验中,两滴培养液边缘分别加入一粒食盐和一滴肉汁,进行不同的条件对照。

(3)自身对照:对照和实验都在同一研究对象上进行。有的是同一研究对象在实验前后对照,如人教版生物学八年级上册"探究鱼鳍在游泳中的作用"实验,将鱼剪去某个鱼鳍后与未处理之前的游泳姿势进行对比,从而得出鱼鳍在游泳中的作用。有的是在同一研究对象的不同部位进行对照,如人教版生物学七年级上册"绿叶在光下制造有机物"实验中,一半遮光一半曝光处理,证明光合作用需要光照;"探究根的什么部位生长最快"实验也是。

(4)相互对照:不单设对照组,而是几个实验组相互对照。如人教版生物学七年级上册"探究种子萌发的环境条件"的实验中,用不同的湿度(或温度等)分别处理作为相互对照。

教师在教学过程中当然无须要求学生区分属于哪一种实验,但必须有意识地让学生大致判断哪个属于实验组,哪个属于对照组,学生只有明确实验组、对照组的概念,才能在独立进行实验设计时明确实验目的,抓住单一变量,以清晰的思维、条理性的思路,设计出较为有效的、完善的对照实验。而这对于学生在分析、推理等思维能力、处理事物的能力方面也是很好的锻炼。

学生难以区分对照组、实验组,关键在于无法将实验设计中为排除其他因素干扰而进行的处理区分开来,往往以为对照组即什么处理都不做。实际上,生物学方面的实验中往往会受取材、实验条件等无关因子的影响,排除公害变量的影响成为衡量实验效度和信度的关键所在。如人教版生物学八年级上册"证明细菌对植物遗体的分解作用"实验设计,实验前甲、乙两组进行灭菌处理和实验过程中甲、乙都放在无菌条件下,都是为了排除干扰。明确这一点,实验组为甲、对照组为乙就很容易区分开来。

下面以一道实验设计题为例进行分析。题目如下:温度、湿度和有机物等因素与真菌生活的关系都十分密切,现要探究某一因素的影响,应如何设计对照实验? 首先要明确,题目只要求对一种因素进行探究,而且对象是真菌;二是实验设计包括提出问题、做出假设、制订计划、实施计划、得出结论和表达交流几个环节。这里只着重对制订计划环节中如何设计对照实验进行探讨:如探究"温度"这一因素对真菌生活的影响,不同温度下真菌的生活状态会有什么不同呢? 我们可以在几个不同区段的温度下做实验,将接种了某种真菌的三组培养皿(接种情况相近以排除干扰)分别置于不同的环境当中:低温(0 ℃)、高温(100 ℃)和室温(25 ℃)中培养一段时间,观察培养结果以得出结论,不同环境下的真菌互为对照组。

探究能力的培养是新课程标准中能力培养的重要组成部分,对学生实验设计能力的培养、训练,也是对学生分析、解决现实问题能力的培养和提高。而对照实验作为实验设计的一般原则,是一个实验设计成功与否的重要因素。课改之后不论是对学生还是对教师这方面的能力要求都提高很多,应引起必要的重视。教师不仅要重视学生实验设计能力的培养,还要深入钻研教材,不断提高相关方面的素养,才能真正落实新课程标准的要求,将素质教育落到实处。

课改后实验教学存在的问题与对策

徐 犇

(贵州省荔波县第二中学,贵州荔波 558400)

生物科学是一门实验性科学,实验教学在中学生物教学中占有非常重要的地位,生物实验技能也一直是生物学非常重要的内容。生物学者的卓越贡献都是从实验起步的。

新课程改革后,中学生物教学更加注重了理论与实践相结合的原则,使我们教师对生物实验教学达标问题的担忧也越来越明显,因为只有达到标准和教材的要求,生物教学才能收到好的效果。因此,在中学生物实验教学中,教师要加强对实验内容和过程的科学性指导,调动学生学习生物的积极性、主动性,改变生物实验教学的传统方式,这对于提高中学生物实验教学的质量,培养学生创新思维和能力有着积极的意义。

1. 存在的问题

1.1 科任教师不够重视

实验教学观念不适应素质教育思想,对实验教学意义、目标的认识,以及教师在实验教学中角色扮演的理解程度不到位。

1.2 学生有不爱动手的习惯

受传统考试方式的制约,在知识与能力培养中,侧重于知识;在思维与动手能力培养中,侧重于思维——重实验结果,轻实验过程,重知识巩固,轻能力培养。

具体表现为:只采取口头讲授,内容侧重考点;教师动手演示,边做边向学生讲解细节,学生不做实验;教师多采用多媒体演示,只在重点之处向学生强调;教师不讲实验,直接自学,并做有关的实验题。

1.3 教学方式机械、僵化

无论什么实验,都是按部就班、机械模仿,缺少激情、创意,缺少对学生动手能力的培养,使学生对生物学科逐渐丧失了学习兴趣,更不用说什么创新了。

1.4 实验教学安排、管理不合理

五六十个人的班挤在一起上实验课,七八个人一个小组,看得多,做得少。

1.5 实验评价方式单一

评价学生的实验成果写在实验报告单上,几乎全班得出的结果都一样。

2. 对 策

2.1 充分发挥教师与学生的能动作用

面对课程改革后生物实验内容向纵深方向的扩展,实验数目的增加和实验类型、材料的多样化等现实。生物教师应当认真学习新课程标准,深刻领会其精髓,更新科学的教育教学理念,提高对生物实验的重视程度,并充分发挥自己在生物学学习上的主观能动作用,刻苦钻研专业基础知识,掌握先进的生物实验技术和多媒体技术,提高实验技术水平,开发多样化的实验类型和实验材料,把生物实验从课内引向课外,从课堂引向广阔的大自然,改变传统实验的方式方法。同时,教师也要积极引导、鼓励学生参与生物学实验和生物探究性、研究性课题的研究和讨论,扩展学生的思维,在课堂中做好"小助手"的培养,充分体现"互帮互学""自主、合作、探究"及"自查、互查、巡查"的教学程序,充分发挥学生的主观能动作用,切实培养学生的生物实验能力。

2.2 开展实验替代研究

新课程改革后的许多生物实验都是以前没有过的新内容,由于实验开设条件的限制,许多实验一时还无法在学校正常开设。但是只要动脑筋,加强替代实验的研究,就可以很好地解决问题。例如:藻类植物的观察、苔藓植物的观察、蕨类植物的观察等,一些学校就无法开展,学生只有凭借平时的生活经验来获得知识。这时我们教师要做好课前准备,采一些藻类、苔藓、蕨类植物在课上让学生观察,或者让学生根据书本上的图片自己准备实物,由大家来展示与讨

论。通过展示,让学生思维再次碰撞,产生心灵上的共鸣,这不仅达到了张扬个性的效果,也达到了增强记忆、吸收新知识、分享学习成果的目的。这样的课也充分体现了新教学模式中的"展示"环节。除此之外,我们还可以用课外实验替代课内实验,如"发豆芽";用演示实验替代分组实验,如"测定某种食物中的能量";用虚拟实验替代现实实验,如"模拟鱼鳍的作用";或者把一些实验内容转化成为课外科技实验的内容,如"蚂蚁的通讯"等。

2.3 加强实验过程的科学指导

新课程改革后的实验内容增多了,学生动手操作的机会也增多了。教师要指导学生预习好实验内容,明确每个实验的全过程,学生才能做到心中有数,进入实验过程才能有条不紊。同时对于有一定难度的实验,教师应事先对实验难点和要点进行讲解,以使学生能掌握要领,让实验达到预期目的。这一点在初中阶段的实验中尤为重要。例如:观察植物细胞和动物细胞的实验,对七年级的学生来说制作细胞的临时装片有一定的困难,因此在做这个实验时就要特别强调如何制作临时装片,正确选取植物细胞和动物细胞的方法要领,要提醒学生注意安全。此外,还要指导学生要有实事求是、勇于探究的科学态度,比如在实验过程中做好记录,要注意观察,关注实验过程的每一环节等,从而培养学生严谨的科学态度。

2.4 注重学生自主探究精神和学习习惯的养成

课程改革的实验教学,是以学生自主活动为主要方式的教学,教师要把主动权交给学生,鼓励每个学生积极参与。在实验探究教学活动中,教师应当设置巧妙的问题或情境来调动学生积极参与的热情和兴趣。同时,教师在实验中还要为学生拓展探究实验活动的时间和空间,让学生对问题主动探究落到实处。例如:"观察叶片结构"实验中为什么叶片向光的一面颜色较深,背光一面颜色较浅?"制作叶脉书签"实验中,思考为什么大玉莲的叶子能支撑一个小孩子?要善于利用一切有利的因素,巧妙设计问题和情境,才能激发学生的兴趣,使学生具有独立思考、勇于探究的科学精神。

2.5 完善实验评价制度

在实验课中,教师的评价一定要客观、有鼓励性,对于一些大胆的探究与创新应予以及时的鼓励与表扬,才能充分调动学生积极参与的兴趣。

生物实验能力是一种综合表现,任何一种评价方式都有其局限性,只有多种评价方式互相补充、综合运用,才能全面、客观、准确地反映出学生实验的真实水平,才能实现生物实验教学的目标。

新课程背景下的生物实验教学

——探究种子萌发的条件

龚兴江

（贵州省龙里县洗马中学，贵州龙里　551200）

摘　要：生物实验教学，特别是探究性实验教学，是培养学生动脑、动手能力的一种方法，探究是从发现问题、提出问题开始的。提出问题后，根据已有的知识和生活经验做出假设，设计探究方案，选择材料，设计方法步骤等。按照探究方案进行探究，得到结果，再分析所得的结果与假设是否相符，从而得出结论。探究种子的萌发条件，就是让学生根据以上步骤参与活动，最终得出结论。

关键词：新课程改革　探究实验　种子　环境条件　自身条件

1. 背　景

生物学课程中的科学探究是学生积极主动地获取生物科学知识、领悟科学研究方法而进行的各种活动。科学探究通常涉及：提出问题、做出假设、制订计划、实施计划、得出结论、表达和交流。将科学探究引入义务教育阶段生物学课程内容，是为了促进学生学习方式的改变，使学生能主动地获取生物科学知识，体验科学过程，形成一定的科学探究能力和科学态度与价值观，培养创新精神。

理解科学探究和科学探究能力的形成，需要学生亲自参与探究性学习的过程，教师应积极提供机会让学生亲自尝试和实践，并将科学探究的内容尽可能渗透到各主题内容的教学活动中。引导学生参与科学探究活动时，教师不仅要让学生参加科学探究某些方面的活动，更应注意让学生有机会参与若干完整的探究活动。

对于大多数植物,一般要经历生长、发育、繁殖、衰老和死亡的过程。植物生长首先要萌发,一粒种子萌发形成幼苗,既要有适宜的外界环境,也需要种子自身具备一定的条件。

1.1 环境条件

(1)适当的水分:一是种子萌发过程中,贮存在子叶或胚乳内营养物质的转运及细胞分裂的进行都需要水分,没有水分种子就不能萌发;二是不同植物的种子萌发时需水量不同,一般豆科种子(如菜豆)萌发比禾本科种子(如高粱)需水多;三是农业生产中,为满足种子萌发对水的需求可进行 3~5 d 的浸种处理。

(2)充足的空气:绝大多数植物在种子吸收充足的水分后,只有氧气充分,贮存在胚和胚乳中的营养物质才能够通过呼吸作用产生中间产物和能量,满足萌发需要。一般种子空气中含氧量在10%以上才能正常萌发,而且含脂肪多的种子比含淀粉多的种子需要的氧气更多;含氧量下降到5%以下时,多数种子不能萌发。如棉花、花生、油菜的种子完全浸没在水中或深藏于土壤深处不能萌发的原因就在于氧气供给不足。

(3)适宜的温度:适宜的温度是生命活动正常进行的必要条件。温度过高,种子会失去水分,甚至失去生命;温度过低,种子不能正常萌发。

(4)光:有些植物的种子在无光条件下不能萌发,这类种子叫需光种子,如烟草的种子;有些植物如早熟禾的种子在无光条件能萌发,但在有光时萌发得更好;而某些百合科植物如洋葱的种子萌发时会受光照抑制,这类种子为嫌光种子。

1.2 自身条件

即使在条件适宜的环境中,种子也不一定都能萌发。如干瘪的种子、贮存时间过长的种子、正在休眠期的种子,都不能萌发。

(1)完整和有生活力的胚:被昆虫咬坏了胚的种子不能萌发。种子在离开母体后,超过一定时间将丧失生命力而不能萌发,对不同种子而言其寿命时间长短不同。例如:柳树的种子寿命仅有12 h,花生的种子能活1年,小麦和水稻的种子一般能活3年,白菜和蚕豆的种子能活5~6年。

(2)有足够的营养储备:正常种子在子叶或胚乳中,贮存了足够种子萌发所需的营养物质,干瘪的种子往往因缺乏充足的营养而不能萌发。

(3)不处于休眠状态:多数种子形成后,即使在条件适宜的情况下暂时也不能萌发,这种现象被称为休眠。形成休眠的主要原因:一是种皮障碍。有些种子的种皮厚而坚硬,或种皮上附着蜡质层或角质层(如香樟树的种子、花椒的种子),使之不透水、不透气或对胚具有机械阻碍作用。二是有些果实或种子内部含有抑制种子萌发的物质。比如某些沙漠植物在长期的生活中,为了适应干旱的环境,在种子表面具有水溶性抑制物质,只有在大量降雨后,这些抑制物质被洗脱掉才能萌发,以保证形成的幼苗不致因缺水而枯死。对于休眠的种子,若需促进萌发,应针对不同原因解除其休眠。

2. 材料与方法

2.1 实验材料

(1)常见的种子(如黄豆)50 粒。

(2)有盖的罐子 5 个,小勺 1 个,餐巾纸 15 张,5 张分别标有 1、2、3、4、5 的标签,胶水,清水,黑塑料袋 2 个。

2.2 实验方法

(1)在 1 号罐子里,放入 3 张餐巾纸,然后用小勺放入 10 粒黄豆,拧紧瓶盖。置于室温环境。

(2)在 2 号罐子里,放入 3 张餐巾纸,然后用小勺放入 10 粒黄豆,洒上适量的水,使餐巾纸湿润,拧紧瓶盖。置于室温环境。

(3)在 3 号罐子里,放入 3 张餐巾纸,用小勺放入 10 粒黄豆,倒入较多的清水,使黄豆种子完全淹没在水中,然后拧紧瓶盖。置于室温环境。

(4)在 4 号罐子里,放入 3 张餐巾纸,用小勺放入 10 粒黄豆,洒入少量清水,使餐巾纸湿润,拧紧瓶盖。置于冰箱里。

(5)在 5 号罐子里,放入 3 张餐巾纸,用小勺放入 10 粒黄豆,洒入少量清水,使餐巾纸湿润,拧紧瓶盖。在罐子外套上 2 个黑塑料袋。

3. 结果与分析

通过观察,可发现 1、3、4、5 号罐子中种子未发芽,而 2 号罐子中的种子发芽了。为什么同样优质、同样品种的种子有的发芽,有的没有呢?

当一粒种子萌发时,首先要吸收水分。子叶或胚乳中的营养物质转运给胚根、胚芽、胚轴。随后,胚根发育,突破种皮,形成根。胚轴伸长,胚芽发育成茎和叶。

然而,种子的萌发需要适宜的温度、充足的空气和水分,某些种子还需要光照。

1号罐子里的种子未发芽是因为它虽有充足的空气和适宜的温度,但无水分,所以它不可能发芽。

2号罐子里的种子既拥有适宜的温度,又拥有充足的空气和水分,所以它发芽了。

3号罐子里的种子未发芽是因为它被完全浸泡在水中,而水中没有充足的氧气,所以它也不可能发芽。

4号罐子里的种子因缺适宜的温度未发芽。温度过高,种子会失去水分,甚至失去生命;温度过低,种子不能正常萌发。

5号罐子里的种子因没有光照未能发芽。

4. 讨论与结论

科学探究是人们获取科学知识、认识世界的重要途径。提出问题是科学探究的前提,解决科学问题常常需要做出假设。科学探究需要通过观察和实验等多种途径来获得事实和依据。设置对照实验,控制单一变量,增加重复次数等是提高实验结果可靠性的重要途径。科学探究既需要观察和实验,又需要对证据、数据等进行分析和判断。

通过实验得出,种子要萌发必须具备两大条件,一是环境条件,二是自身条件,否则种子萌发是不可能实现的。

参考文献

中华人民共和国教育部. 义务教育生物学课程标准(2011年版)[S]. 北京:北京师范大学出版社,2011.

乡镇中学利用本土资源
开展生物实验的探讨
——以贵州省玉龙乡为例

余彭娜① 杨应辉

（黔南民族师范学院生物科学与农学院，贵州都匀 558000）

摘 要：生物实验教学有利于培养学生的综合能力，提高其科学素养。相对城市中学而言，乡镇中学经费紧张、教育资源缺乏、思想观念落后等严重影响着生物实验课程的开展。如何依据课程标准精神拓展思路，充分发掘和利用本土资源开展生物实验，是这类学校生物教师进行新课程改革的任务之一。

关键词：乡镇中学 生物实验 本土资源

生物实验教学是生物学科教学的重要组成部分，它有助于培养学生观察、分析及解决问题的综合能力，是学生主动获取生物学知识，积极探索生物奥秘的重要手段。相对城市中学而言，乡镇中学受教育经费、仪器设备、师资力量等条件的限制，实验课程的开展面临种种困难。如何利用本土资源优势，努力创造实验课程开展的条件，是这类学校生物教师进行新课程改革必须思考的重要课题。

本文拟以贵州省威宁彝族回族苗族自治县玉龙乡为例，结合笔者曾经在当地的支教实践，对乡镇中学生物实验教学如何发掘和利用农村本土资源初作以

---

① 作者简介：余彭娜（1956— ），女，贵州贵阳人，黔南民族师范学院生命科学系教授，主要从事"生物课程与教学论"的教学与研究。

下探讨。

1. 利用本土自然资源进行生物实验教学的实操探讨

1.1 因地制宜,学生自取活材进行实验

实验材料的优劣直接关系到实验效果。农村得天独厚的自然资源能为生物实验提供大量鲜活的实验材料。让学生参与实验材料的采集,可改变其在教学中的地位,由被动的知识接受者变为主动的知识建构者。

如人教版生物学七年级上册中"探究光对鼠妇生活的影响""观察蚯蚓""观察种子的结构""鱼鳍在游泳中的作用""观察鸡卵的结构"等实验,其材料都是实验准备的难点,但在玉龙乡却是日常生活中常见的。教师可将采集实验材料的任务交给学生。学生在寻找材料的过程中必然对其生活环境有所了解,这可以促进学生更好地理解各个实验原理、主动参与知识建构。

1.2 走出教室,将实验课堂搬到田间地头

利用农村资源优势,将实验课堂直接搬到室外。这样既能减少实验的材料经费,又能丰富学生的课堂知识,还能让他们亲近自然,热爱家乡。

如在玉龙乡随处可见色彩艳丽的花朵,就可将人教版生物学七年级上册中"观察花的结构"实验课移到室外。在教师的带领下,学生可对学校周边的田间地头、树林果园中某一种花朵进行采集和观察,并按照课本要求对"花的结构"进行验证、理解和巩固。随后,教师再继续指导他们采集、观察其他种类的野花及菜花。"是不是所有花的结构都一样呢?"随着疑问的产生,学生们会对该部分知识的学习更有热情和兴趣,会将采集到的各种花与课本上的花进行结构对比,从而使实验内容丰富有趣、令人印象深刻。

1.3 寻求实验替代材料,拓宽生物实验开展空间

农村生态环境复杂,生物资源丰富。挖掘、开发出一些课本实验替代材料,既可拓宽生物实验空间,提高学生的实验技能,还可激发他们的创造灵感。

比如"观察叶绿体和细胞质的流动"实验,课本材料是新鲜的黑藻,黑藻是一种水生草本植物。如在不易获取或采量较少的情况下,教师可根据实验原理和黑藻的基本特征,发动学生寻找当地容易采集到的同性质材料来进行替代。例如,用白菜嫩茎或者菠菜叶的表皮细胞作为替代材料,效果也很明显。再如,

玉米苗、蚕豆苗可替代"验证植物光合作用产生淀粉"中的天竺葵;农村做饭时习惯滤出的米汤可替代"探究唾液淀粉酶对淀粉的消化作用"中的淀粉糯糊等。总之,挖掘"成本低、取材易"的实验替代材料,是提高乡镇中学生物实验课程开展效率的途径之一。

1.4 调整实验顺序,凸显实验效果

生物实验的材料直接或间接来源于生命活体,而生物体又因各自的生活规律决定其生长季节,必然限制了实验教学对所需材料的随时获取。因此,紧扣课程标准,适当调整实验教学的顺序,可更好地解决因时间、地域差异使教学进度与实验材料获取之间不一致等给实验准备所造成的矛盾。

如结合玉龙乡村民每到冬季都有用糯米酿甜酒的风俗,人教版生物学八年级上册中的"发酵现象"演示实验便可因时而调整。由于每家都具备亲自操作实验的条件,故可变原有的演示实验为学生动手实验。学生在父母的指导下亲手酿甜酒,既可体验"发酵"现象,又可理解"发酵"原理。这种农村生物教学与家庭交流相结合的学习方式符合新课程改革的基本要求。

另外,还可将人教版生物学七年级上册中"种子萌发的环境条件"和"测定种子的发芽率"等实验,调整到农民播种的季节,让学生刚做完相关实验,就能尝试应用其知识去解决生产生活的实际问题,体验学习生物知识的乐趣。所以,结合农村实际适时调整实验顺序,既贴近生活,还能凸显实验效果。

1.5 依据课程标准精神,灵活增添新实验

课程资源的开发和利用是一项极具创造性的实践活动。按照生物课程标准对学生学习成果的基本要求,乡镇中学实验的开展不应强求一律,而应紧扣课程标准精神,根据本地资源设计一些新的实验内容,充分发挥地域优势,强化学校特色。

如学习完种子萌发的相关知识后,可开展一次发豆芽的实验。发豆芽在玉龙乡的家庭中很常见,学生有感性认识。该实验操作方便,所需材料简单。准备一个能漏水的容器、一些稻草和黄豆即可。先将黄豆在温水中浸泡8 h左右;将其均匀平摊在底部放有草团的漏水容器里,上面再覆盖一些草团;每天早中晚3次大量浇水,几天后豆芽就可发出。除黄豆外,学生还可以分别用绿豆、豌豆和赤豆做对比实验,相互交流找出不同豆类发芽条件的异同。通过亲手实

践,学生对种子萌发的相关知识的理解与掌握更加深刻。

另外,如葫芦藓的采集和观察、家鸽或牛蛙的解剖、农作物的扦插等,都可以增添为与教材内容相关的新实验。当然,新实验从准备到开展过程中教师都应做好精心安排,让每位学生真正明确实验目的及要求,以确保实验的顺利进行。

1.6 利用自然资源,丰富课余实验

课余生物实验是生物教学不可忽视的组成部分,是对课堂教学的补充和完善。利用农村天然资源,开展丰富多彩的课余生物实验,对发挥学生的探究思维,培养其热爱家乡的情感将有独特功效。

例如,农村土地宽广,让学生以小组为单位,在自家房前屋后的空地上开辟一片属于自己的"生物园地",根据季节在里面种植各类植物或圈养鸡、鸭、兔等小动物,分别对其进行形态、生长发育情况的观察、对比、记录及进行小组间的讨论等,让学生通过亲身的种植和养殖,巩固完善课本知识,达到培养其综合实践能力的目的。又如,开展对家乡生态环境的调查,让学生通过对调查结果的整理分析,提出改善建议,以增强爱护家园、建设家乡的主人翁意识。再如,还可让学生对本地的植物或昆虫进行采集并制作成标本,培养其实验操作的基本技能等。

1.7 利用废弃材料,制作简易实验器材

目前,实验器材的短缺仍是制约农村中学实验开展的因素之一。教师可利用简便易行的方法,就地取材制作实验器材,开辟出保障实验顺利开展的新途径。

在农村,昆虫种类繁多并唾手可得,为学生制作标本提供了有利条件。然而,多数学校却缺乏制作昆虫标本的展翅板。因此,可充分利用废弃的泡沫材料,只需将3~4 cm厚的泡沫板切割成大小不同的长方体,再按照虫体的大小挖成相应宽度和深度的沟缝即可。这样的展翅板取材方便、制作容易、轻巧实用,可大大提高制作昆虫标本的速度和成功率。

其他实验器材的制作,如利用废弃的墨水瓶制作成酒精灯;用废纸板箱制作简易保温培养箱;用各种废弃的透明饮料瓶制作成漏斗、水槽、量杯、发芽器皿等。

总之,因地制宜自制简易实验器材,虽然简陋但同样能达到实验目的。由于制作容易、取材造价低廉,可大大降低实验成本,对农村学校来说具有特殊意义。

2. 关于利用本土资源开展生物实验的几点思考

如何充分利用农村本土资源开展生物实验,目前仍然处于一个探索阶段,应当理性思考具体教学过程中存在的一些问题。

2.1 转变思想观念,加大生物实验教学的投资

教育经费不足、实验器材的缺乏可能会成为农村教师在生物实验中对本土资源开发、利用的理由与动力。但校方普遍轻视生物实验,忽视学生能力培养,严重地束缚着教师们对实验存在问题的探索与创新。因此,相关部门及教学管理者要首先转变思想,充分认识到通过生物实验培养学生的综合能力,是新课程标准精神的具体体现,应给予大力提倡与支持。一方面加大学校在生物实验建设方面的投资,明确奖励制度,对教师在实验教学中进行资源开发、利用的事例给予精神与物质上的肯定;另一方面增强培训力度,提高教师实验教学的理论水平与操作技能,确保生物实验教学在乡镇中学的顺利开展。

2.2 自编讲义,做好实验指导等理论用书的准备

对于新开展和改进的实验,由于没有现成的实验指导用书,必然给学生的课前预习带来困难,不利于达到预期的实验效果。因此,教师需吃透与新实验相关的系列理论,深刻理解其实验原理及实验目的,提前做好本乡镇学生切实可行的实验指导用书或讲义的编制。

2.3 重视预实验,为实验材料、结果及所需时间做好准备

为保证新开展和改进实验的教学效果,教师必须完成两次以上的预测实验,准确把握药品和材料的使用情况,发现学生容易出现的问题等,根据实验结果及所需时间,提前做好实验的具体安排。

综上所述,边远地区乡镇中学对生物实验教学的开展任重而道远。生物教师要排除各种阻力,敢于创新,勇于探索,努力挖掘、利用本土生物资源;拓展实验思路,改进实验方法,提高实验开课率,缩小与城市中学的差距。真正实现新课程改革,把生物实验作为培养学生能力的任务落到实处。

参考文献

[1]张建伟,陈琦.从认知主义到构建主义[J].北京师范大学学报(社科版),1964(4).

[2]刘恩山.中学生物学教学论[M].第2版.北京:高等教育出版社,2009:123－125.

【生物与健康研究】

浅议高中生物教学中对健康教育的渗透

张义美

（贵州省独山县民族中学，贵州独山　558200）

摘　要：新课程理念下，对学生进行健康教育，是对教育的一种补充，是时代赋予基础教育的重要任务，是素质教育的基本内容。生物教学就其鲜明的教学特点，通过在教学过程中渗透健康教育意识和健康教育行为，使学生具备基本保健意识，在生活中遇到健康问题时能正确处理，对个人、家庭和社会具有重要的意义。

关键词：高中　健康教育　渗透　心理　生物教学

历史的车轮驶入 21 世纪，世界各国间国力竞争的实质即是科技的竞争、人才的比拼。作为肩负培育"天之骄子"重任的高中教育工作者，我们肩上的重任沉甸甸。高中阶段，是人生的分水岭，培育的人才除了要掌握扎实的科学知识外，还必须积极向上、乐观进取，具有崇高的理想，是德、智、体、美、劳全面发展的人才。把健康教育理念渗透于各科的教学中，寓健康教育于课堂之内，完成学生健全人生之塑造，是每位高中教育工作者必须担负的责任和义务。

新课程理念下，对学生进行健康教育，是对教育的一种补充，是时代赋予基础教育的重要任务，是素质教育的基本内容。生物教学就其鲜明的教学特点，通过在教学中渗透健康教育意识和健康教育行为，使学生具备基本保健认识，在生活中遇到健康问题时能正确处理，对个人、家庭和社会具有重要的意义。

高中生物教师，在进行教学时即可结合教材内容，选择合适的方式方法，对学生进行系统的健康教育教学，提高学生的保健意识，培养学生良好的行为习惯和生活方式,使其具有健全而完美的健康人格。

1. 健康教育的主要内容

1.1 做好学生的心理减压

由于高考体制的存在,所有高中生都在努力地学习备考,然而每位学生都来自不同的家庭,各个家庭结构都不同,故许多学生会表现出不同的心理特征。每次月考成绩下来,老师们都要变成心理辅导师。

生物教学中,可以就进化论的相关内容,让学生认识到"物竞天择,适者生存"的道理,任何生物都要在竞争中适应环境,才可能生存下来。在当今社会突飞猛进的发展形势下,每位学生都要勇敢地面对现实,充分发挥自己的潜能,奋发向上,勤奋学习,努力提高自身素质,使自己在将来成为有用之才,防止被社会淘汰的悲剧发生。亦可就优势种群形成的重要性方面,引导学生以健康的心态来对待周围的一切,并在遇到一些自己不能化解的痛苦、困惑时,要敞开胸怀,找父母、老师、同学或自己信任的朋友诉说,寻求别人的帮助,进而找出解决问题的办法。教师在教学过程中,还要善于观察学生,及时了解学生存在的心理压力和困惑,进行有效的沟通,使学生放下包袱,健康成长。

1.2 让性教育贯穿于整个教学过程

处在青春期的高中学生,由于身体发育的变化,性意识的发展,对性方面的问题也越来越关注。由于我国性教育严重滞后,性知识对于学生是个神秘的领地,引发了许多青少年与性的有关问题,比如性犯罪、未婚同居等。高中生物关于生殖和发育的教学中,可以对学生渗透关于性的心理教育,通过人体的性器官来讲解生理结构、性器官的功能,让性在学生面前褪去神秘的面纱;结合胚胎工程的精子和卵子的发生、体外受精和早期胚胎培养,受精卵的形成以及在母体中的孕育成长,胚胎工程的应用前景等知识,既让学生了解生命诞生的过程,又培养学生对生命科学的浓厚兴趣。当学生对这些生理现象有了比较系统的了解,面对自身发育的生理变化,才能消除神秘感,才能够从惶惑不安的不良情绪中解脱出来。教师要引导学生以积极的心态去面对并感受生命的珍贵,这对学生毕业以后的择业有很大的指导性意义。在心理教育的同时,也要注意学生的生殖健康,针对人教版生物必修三中激素的分级调节,从甲状腺激素的分级调节拓展到性激素的分级调节,教育学生为了家庭的幸福,有关性激素的药物不能使用,以免造成性腺的萎缩,丧失正常的生理功能。

1.3 培养学生对疾病与健康的常识

人食五谷,疾病是生命成长的一个方面。教材中关于疾病与健康的知识,所涉及的教学内容颇多。通过细胞的癌变学习,使学生远离致癌物质,减少癌症的发生。学习人类遗传病及其预防知识,使学生在以后将为人父母时能科学地分析遗传病的发病率和可能性,做到优生优育,为家庭和社会做出应有的贡献。人教版生物必修三中《人体的稳态》,通过对人体的内环境、神经调节、激素调节、免疫调节等知识的学习,学生对人体防御有了基本的掌握,了解生命在于运动的真理。并且明白人体感染疾病并不可怕,心态一定要健康,一定要锻炼身体,增强体质,疾病必会远离我们。其中必不可少的,是人教版生物必修三的知识旁栏《科学、技术、社会》中的介绍,拒绝毒品、慎用心理药物、毒品预防,与社会、生活密切相关。对此,教育部下发了《关于进一步做好中小学生的毒品预防教育工作的通知》,专门制定了《中小学生毒品预防专题教育大纲》,目的就是培养学生良好的生活情趣,增强预防毒品的意识和社会责任感,掌握自我保护的知识,珍爱生命,拒绝毒品。中学生涉世不深,又受心理年龄特点的制约,他们辨别是非能力、自我防范能力、自控能力、抗拒诱惑的能力不强,易于偏执自信、好冲动、爱冒险,最容易受不良行为、习惯的侵蚀,对毒品的无知、好奇,是许多青少年走上吸毒道路的重要原因之一。因此,要让他们自觉远离毒品,学会保护自己,知道毒品对个人、对家庭和对社会的危害,远离毒品。教材中艾滋病的死因,又是另一个必须进行教学的内容,介绍艾滋病病人的死亡以及当地的艾滋病发病率及感染的人数、症状和免疫系统的受损,引用图片,补充课外知识,让学生洁身自好、避免传染、相互关爱、共享生命健康。

1.4 培养学生坚强的意志力和与困难做斗争的毅力

几千年前的古人,尚有"天将降大任于斯人也,必先苦其心志,劳其筋骨,饿其体肤"的灼见,我辈亦有诸多饱受磨难的科学家,孟德尔就是其中较为典型的例子。他致力于豌豆的遗传研究,废寝忘食,不断重复着这项枯燥而乏味的工作长达18年。在工作有进展时,他撰写的论文根本不受重视,对他的打击非常大。然而他并没有放弃此项研究,这是多么坚韧的科学毅力。我国生物学家童第周,小时家境贫寒,在二哥的资助下进入宁波师范预科班学习,第一学期他的成绩很差,学校让他退学或降级,童第周再三请求学校给他机会,学校答应给他半年的时间。之后,他发奋学习,取得优异成绩,最终成为复旦大学生物系的高才生。后来,他远渡重洋,在欧洲著名生物学者勃朗歇尔教授的指导下研究胚胎学。当时外国人轻视中国人,认为中国人做不了科研,童第周抱着为中国人争光的信念,与外国人展开了竞争,最后以优异的学术成果赢得了国外知名教授和同学们的高度赞扬。1937 年抗日战争爆发,他毅然回到了灾难深重的祖国。为了试验,他借钱、典当衣物筹资,买回一台旧显微镜,在低矮的小土屋里,他撰写了一篇篇具有极高学术价值的论文,震惊了国内外生物界的学者。通过介绍这些生物科学著名人物,联系高中生物教材许多科学家的励志故事,让学生正确对待挫折,在挫折面前树立坚定的信心和战胜一切困难的勇气。这样既提高课程的趣味性,又对学生进行了抗挫折教育、吃苦教育。只有培养学生坚强的意志,他们在人生的成长路上才能经受住各种诱惑,战胜生活的磨难与艰辛,成为国之栋梁。

2. 健康教育的策略

让学生健康、阳光、善良是教育的宗旨,寓教于乐,则有众多方式。调查法是最常用的方法之一,即以问卷方式对学生不想公开的秘密、疾病进行调查。实地调查则可以针对遗传病的发病率、发病特征进行调查,从资料收集到课堂交流再到感受体验,学生都会有较大的兴趣投入。而个别调查是教师的法宝,具体体现在对学生身体的关心,对学生生理的调整上。个别谈话法要求教师素养较高,既要掌握一定的分寸,又要顾忌学生的自尊心和承受力。

对于健康教育的方式方法,可以不拘泥于形式,例如创设情境使学生比较直观地感受到毒品的巨大危害,引起他们心灵的震撼。也可通过分析案例获取信息,学生对自己收集的有关吸毒者受害的案例进行分析,体会到毒品给人身、给家庭、给社会、给人类带来的灾难之重,并提出自己拒绝毒品的方式方法。教师要肯定学生拒绝毒品的方式方法,将学生的学习积极性再一次调动起来,引导、激励学生发挥主观能动性,如此则教师教得轻松,学生学得快乐。案例分析环节的提前预设,小组交流环节的计划实施等,通过各种方式方法,由学生整理统计各种数据,得出一定的结论,即使他们掌握了一定的基本技能,又消化了所学的教学内容。

高中生对身边出现的诸多问题会有许多看法,然而由于看问题的不全面,就会相应出现一些心理问题,加之社会经验不足引起的化解能力差等,早恋、打架现象时有发生。教师一定要注重健康生活方式的培养,让学生学会自我调节,释放压力,理解父母的艰辛,尊重教师的劳动,珍惜同学的友谊,这是解决心理问题的根本出路。高中生物教学在渗透心理健康教育方面具有独特的学科优势,高中生物教师要善于挖掘生物教学中的心理健康教育资源,对学生进行有效的心理健康教育,为学生的健康成长尽一臂之力。

浅议《关注合理营养与食品卫生》一节的教学

花万帮

（贵州省长顺县代化中学,贵州长顺　550700）

1. 背　景

古人云:"授人以鱼不如授人以渔。"新课程改革要求教师在教学过程中不仅要传授给学生文化知识,更重要的是要把学习文化知识的基本方法、技能和技巧传授给学生。培养学生具有良好的自主学习能力和学习行为习惯,是当今教师组织和实施教学的重头戏。提高学生的自主、独立学习能力,教师对学生学习能力的培养要由浅入深、循序渐进,避免一刀切——即所有的内容都让学生自主、独立地去完成,教师还要择时对学生进行指导和引导。那么,初中生物教师怎样教给学生学习方法呢? 笔者现以人教版生物学七年级下册中的《关注合理营养与食品卫生》一节为例进行阐述。

2.《关注合理营养与食品卫生》教学示例

《关注合理营养与食品卫生》一节要求学生掌握的内容有 3 点:一是合理营养;二是食品安全;三是课外读《绿色食品》。

2.1 合理营养

2.1.1 教师提问

教师提问,导入新课。教师朗读教材《健康报》两则内容的大标题:①吃好喝好未必长得好——上海学生营养不良率达 24%。②营养知识欠缺。饮食行为有误——我国四成青春期少女营养不良。上海作为我国最大的城市,是我国的经济、文化中心之一,其生活水平接近发达国家的水平,为何学生营养不良率达24%?随着我国改革开放的不断深入,人民的生活水平日益提高,不少少年儿童体重明显超标——肥胖,为什么还有四成青春期少女营养不良?究竟我们应该得到什么样的营养才合理呢?

2.1.2 学生学习

学生学习,回答问题。学生阅读教材36~37页的相关内容后回答教师提出的问题。教师提问:教材图Ⅳ-22中的第一、二幅图说明什么问题?学生知道这位同学是饿饭了,其实就是他的体内缺乏了糖类——淀粉。如学生不能进行回答,教师就应当继续提问并引导学生回答:当你饿到四肢发抖、出冷汗时,你最想吃的是什么?学生知道肯定是饭。教师接着提问:饭中含量最多的是哪一类营养物质?成绩较好的学生知道饭中含量最高的是淀粉,属于糖类。教师再问:图Ⅳ-22中的第三、四幅图又说明了什么问题?大多数学生知道不吃蔬菜,就会缺乏维生素C而使血管脆弱破裂出血。教师紧接着提问:图Ⅳ-22中的第五、六幅图又说明了什么问题呢?学生亦可知道第五幅图是摄取的糖类、蛋白质和脂肪超标而导致肥胖,第六幅图是因体内无机盐(食盐)过多引发了高血压。最后,教师指出各类营养物质在人体内过多或过少都会对人体健康产生一定的影响,我们所获得的各类营养物质必须合理,才能促进我们的健康发展。

2.1.3 师生互动

师生互动,拓宽知识面。学生只获得以上的知识是不够的,教师必须在此基础上对学生获得的这些知识进行扩展。

要设置一系列的问题进行提问,以检验学生的学习情况、学习效果和对知识的掌握程度与运用能力,同时又是对所学知识的归纳与总结。如:人体需要的营养物质有哪些?(大多学生知道人体所需要的营养物质有:糖类、脂肪、蛋白质、水、无机盐和维生素六大类,但也有一部分学生可能不知道,通过教师的提问,成绩较好的学生就会带动成绩较差的学生回忆起人体所需的六类营养物质,这既是对前面知识的复习,又是对所学知识进行归纳和总结)。教师接着提问:人体对糖类、蛋白质、脂肪、水、无机盐和维生素这六类所需要的量都一样多吗?需要哪种营养物质最多?哪种最少?(对于这个问题,勤于动脑、善于动脑、思维敏捷的学生就知道,人体每天需要最多的营养物质是糖类,需要最少的是维生素)。教师紧接着提问:那么什么样的营养结构才算合理呢? 教师指出能满足人体进行正常生命活动所需的营养就是合理营养。也就是说,我们每天所摄取的食物中必须含有糖类、蛋白质、脂肪、水、无机盐和维生素这六类营养物质,而且这六类营养物质均能满足我们身体的正常需要。每个人对各种营养物质的需求量都一样吗? 同一个人不同年龄所需的营养物质也一样吗? 此时教师应当举例说明不同的人对各种营养物质的需求是不完全相同的,同一个人不同年龄所需要的营养物质也不一样。例如,少年儿童每天所需的蛋白质量比中老年人的要多,因为少年儿童所需的蛋白质一方面用于修复损伤的细胞和补充衰老死亡的细胞,另一方面还用于身体的生长与发育(即新细胞的产生);而老年人则只用于修复损伤的细胞和补充衰老死亡的细胞。又如,坐办公室的人每天所需的脂肪对从事体力劳动的人要少,因为坐办公室的人每天消耗的能量相对从事体力劳动的人要少,只消耗糖类的能量就能满足身体的需要。总之,不同的人对各种营养物质的需求是不完全相同的,只要能满足我们身体维持正常生命活动的需要就是合理营养。

最后,教师还要明确指出:合理营养还要有良好的饮食习惯,一是不偏食、不挑食、不暴饮暴食;二是一日三餐、按时进餐、定时定量。不偏食、不挑食是人体获得糖类、蛋白质、脂肪、水、无机盐和维生素这六类营养物质的重要保证;一日三餐、按时进餐、定时定量是使六类营养物质在时间上均匀地提供给人体,同时,也充分发挥消化系统的功能,使消化系统能充分地消化食物和全部吸收其中的营养物质。

2.2 食品安全

2.2.1 教师朗读

教师朗读,引入新内容。教师朗读教材《北京日报》中"藕粉早已变质,服后险些要命"这一新闻及具体内容;藕粉既然是食品,怎么能不严格把控其安全问题呢? 看来食品的安全性值得我们高度关注。

2.2.2 学生学习

学生学习,获取知识。学生阅读教材 38～39 页中关于食品安全的相关内容。认识我们所吃各种食物中,有的本身具有毒性,如生魔芋、生黄豆、发芽的马铃薯等,需要充分加工、煮熟后才可食用。有的食物虽然没有毒性,但由于保存不当会腐败变质而产生毒素对人体造成危害,因此要保持厨房清洁、通风、干燥,食物才不易腐败变质,保证食用安全。有些食品(如生吃的蔬菜、水果等)也没有毒,但由于在生产过程中受到农药等化学物质的污染而带有毒性,所以,食用前须用清水浸泡 5～10 min,充分洗净后方可享用。

2.2.3 教师总结

教师总结,提高认识。我们在商店里购买的各种食品(商品),更应该注意其安全性;购买时要注意生产厂家、生产日期和保质期这三项,保质期已经临近或已过的食品,我们最好不要购买。对保质期未到的食品,我们也要注意其包装是否有破损,是否受潮或让太阳长时间地暴晒等,如有上述几种情形之一的食品容易变质,也不宜购买。教师要特别注意对学生渗透法制教育,若不慎在商店里购买到保质期已过的食品,我们有权要求商店进行更换或者退货,如果商店不进行更换或退货,我们可以向消费者协会投诉,投诉电话为12315。若投诉未果,我们还可以进一步向司法机关(司法局、司法所)或律师事务所请求法律援助。

2.3 绿色食品

2.3.1 学生齐读

学生齐读,师生总结。绿色食品不是指绿颜色的食品,而是在生产过程中无污染、安全可靠的优质食品的总称。绿色食品分为 A 级和 AA 级两种,A 级绿色食品就是在生产过程中,限量使用限定化学合成物的食品。AA 级绿色食品就是在生产过程中,不使用任何化学合成物的食品。

2.3.2 拓展知识

拓展知识,扩大视野。教师提问:我们自己家里的食品哪些是 A 级、哪些是 AA 级的?教师要引导学生进行回答。我们家里生产的食物,哪些使用化学合成物,如化学肥料、农药、催熟剂等?学生知道玉米、水稻、白菜等在生产过程中使用了化学肥料或农药,是 A 级绿色食品;佛手瓜、葱、蒜等在生产过程中不使用化学肥料和农药等,是 AA 级绿色食品。

2.4 小　结

第一,教师先朗读教材的相关内容,让学生明确学习的目的,再让学生自主学习。这样组织和实施教学,既培养学生的自主学习能力、逻辑推理能力和分析能力,又培养学生爱动脑、多动脑、勤动脑和善于动脑的良好学习习惯。学生既找到学习的方向,又找到学习的方法。

第二,教师设置问题进行提问,既检验学生对所学新知识的构建、理解和记忆情况,又是对所学的新知识进行归纳和总结。这样使学生对合理营养这一知识点从感性认识提升为理性认识,有利于学生对所获得的新知识加以巩固和系统化掌握,开启学生学习生物学的智慧,从而激发学生的学习兴趣,增强学生学习生物学的自信心、自豪感和成就感,有效提升生物学的教学质量。

第三,在教学过程中教给学生如何使用和妥善保管各种食品才安全,如何辨别食品的安全性;同时还渗透了法制教育,教育学生如何运用法律武器保护自己的合法权益。如此教学,既提高了学生的生活自理能力,又提高了学生对社会的认识能力和适应能力,达到推进和实施素质教育的目的,满足新课程改革的要求。

"低碳生活"从我做起

——中学生物课外活动实践与思考

罗红梅

(贵州省都匀市第三中学,贵州都匀　558001)

摘　要:为了人类的可持续发展,当前全球都在提倡"低碳生活"。本文通过组织学生对都匀市广惠社区人民"低碳生活"的调查,从局部反映整体,进而分析都匀市人民对于"低碳"的认知与重视程度。本次调查对象共计200人(次),少年、青年、中年和老年比例接近1:1:1:1,调查内容主要包括低碳基本知识、环保日常产品的选择和使用以及节能减排和个人日常生活习惯这3个方面。调查结果为青年与少年受现代社会风气的影响,认为消费至上,节约能源意识弱,有少部分人即使意识到低碳,但没有付诸行动。相对而言,老年与中年人受到成长时期艰苦生活的影响,其本身生活节俭习惯与"低碳生活"相符,但他们对"低碳生活"常识了解不够深刻。市民对"低碳生活"的基本态度,为规范中学生日常行为和践行"低碳生活"奠定了基础。

关键词:低碳生活　行为规划　课外活动　都匀市

二氧化碳的过量排放,导致全球变暖,海平面上升,气候逐渐恶化等威胁人类生存的环境问题越来越突出,为了人类的可持续发展,提倡人人"低碳生活"。低碳,英文为"Low Carbon",意指较低(更低)的温室气体(二氧化碳为主)的排放。"低碳生活"作为一种生活方式,先是从国外兴起,可以理解为减低二氧化碳的排放,也就是低能量、低消耗、低开支的生活方式。如今,这股风潮逐渐在我国一些大城市兴起,潜移默化地改变着人们的生活。"低碳生活"代表着更健康、更自然、更安全,返璞归真地去进行人与自然的活动。很多学者认为从节电、节气和回收这3个环节来改变生活细节,能尽可能接近"低碳生活"。

"低碳生活"理念主旨可以概括为"适度吃、住、行、用,不浪费,多运动"。在首次石油危机、继而气候变化成为问题以后,发达国家对高耗能的生产消费模式和"低碳生活"理念才幡然觉悟,有了新认识,即要减少碳排放就要相应优化和约束某些消费和生产活动。"低碳生活"最根本的挑战是,它要求人类改变自工业化以来形成的生产消费理念,特别是那种消费至上的消费文化。世界流行的现有主流经济理论,基本都建立在消费至上、消费者至上、竞争优先的基础上,消费至上论提高了社会生产的高效率,却也一度导致了生产与消费领域不受控制的高碳排放。因此,选择"低碳生活"理念,就意味着我们必须拿出足够的政治勇气来进行一次资源和利益的再协调和再分配,而且我们还必须有足够的能力,并准备相应的行动手段来审视我们的消费习惯。作为中学生的我们,有责任从我做起,从现在做起,宣传发动身边的人树立"低碳生活"思想,以实际行动保护好我们赖以生存的地球。

当前很多城市居民生活方式依然很粗放,只顾自己方便舒适,不管给日常生活带来的生态成本。本次调查希望通过对调查情况的统计分析能有所发现、有所启迪,从而对如何进一步提高市民的环保意识,引导他们自觉接受"低碳生活"提出合理建议。

1. 问卷设计

根据"低碳生活,从我做起"将调查问卷分为三大部分,即低碳基本知识部分设置5个问题,环保日常产品的选择和使用方面设置4个问题,节能减排和个人日常生活习惯方面设置4个问题。另外,还特别设置了补充被调查人的具体实际,设置了问答题,以确保调查问卷的信度和效度。

2. 对象与方法

2.1 调查方法

本次调查选取学校附近的都匀市广惠社区,对不同年龄、阶层、文化程度的居民进行调查,主要采取家访的形式,或在居民区内人们比较集中的地方问询式调查,这样就保证了调查结果的真实性。由于调查针对不同的人群,调查结果具有普遍性。

2.2 调查对象

为了考察市民对"低碳生活"及有关常识的基本态度和认知水平,暑假期间,本活动小组参考有关资料,自行设计并印制了 200 份"低碳生活"调查问卷,对贵州省都匀市广惠社区居民进行社会调查,从局部反映整体,希望通过对调查情况的统计分析能有所发现、有所启迪。最后分析人们是否认可和接受"低碳生活"、环保意识如何等,从而对如何进一步提高市民的环保意识,引导他们自觉接受"低碳生活"提出合理建议。

3. 结果与分析

3.1 发出调查问卷分析

按照中国人口年龄阶段的划分标准,将调查对象分为少年(7～17岁)、青年(18～40岁)、中年(41～65岁)和老年(66岁以上)四个不同的阶段。本次调查共发出调查问卷 1000 份,收回有效问卷 860 份。经统计,老年 193 人、中年 202 人、青年 224 人和少年 241 人,调查单个群体样本都接近统计需求的 200 人次,且比率接近 1:1:1:1。

3.2 低碳知识传播途径

由"您是通过什么途径知道'低碳生活'的?"所调查得到的结果表明,绝大部分被调查者(65.5%)是通过电视媒体了解到"低碳生活"的,有 34.5% 的人是通过学校了解到的。不同年龄段的人了解"低碳生活"的途径不同。老年人、中年人主要通过电视、广播等大众媒体了解并开始关注"低碳生活"的;一半以上的青年和大部分少年是通过学校教育了解"低碳生活"的,说明学校教育在传播低碳知识的过程中起到了相当大的作用。

3.3 不同年龄层次对"低碳生活"的了解程度

统计显示,不同年龄阶段人们对"低碳生活"常识认识的深度不同,老年和中年群体对"低碳生活"知识了解不够深刻,而青年和少年则在低碳知识方面了解较多,并占有明显优势。

3.4 不同年龄层次的生活方式

老年、中年两个群体的生活很节俭,物质回收意识强,在有意识或无意识地履行循环经济职责,而青少年群体则刚好相反。老年、中年群体其幼年都生在困苦年代,知识、物质都非常贫乏,长期形成了节俭的生活习惯,这与其特有的历史背景是分不开的。可当今的青少年却不然,他们虽是掌握低碳知识较多的群体,所创造和积累的个人财富较少或甚至没有,可他们是社会上高消费、高碳排放的群体,表现在所使用的手机和所穿的服装都是名牌,以及吃、穿、出、行等方面。这种现象产生的原因一是当今社会风气的错误引导,让人们认为只有吃最好的、穿名牌服装、住大面积的房子、开高档车才会受到别人的关注,得到人们的尊重,形成攀比心理。其二是家长都有补偿心理,认为再苦不能苦孩子,自己在成长时期没有得到的,即使苛刻自己也要给孩子提供优越的学习和生活条件。青少年是未来社会的主体,他们的高碳生活将会导致环境加速恶化,这种现象值得人们高度注意。

4. 讨论与结论

4.1 "低碳生活"的认知状态与环保意识

从以上调查统计结果分析,可以得出以下结论:

(1)都匀市广惠社区居民都对"低碳生活"有一定了解,大多能够认可和接受低碳生活方式,环保意识总体较强。比如在回答是否了解低碳生活、减少碳排放与本人的关系以及气候环境是否影响到自己的生活等问题时,选择"没什么影响"的只是极少数。在回答使用交通工具、家用电器等日常生活问题时,都匀市广惠社区居民大多倾向于节能、减排、环保的生活方式。

(2)环保意识方面。的确有一些市民环保意识不够强,尤其在采取实际行动降低碳排放方面不够积极主动。例如有近半数的受访者承认自己虽然意识到有必要为减少碳排放贡献力量,但没有采取行动;还有22%的受访者将废旧电池随手扔掉,卖给回收废品处理的只有44%;使用太阳能热水器的受访者不足一半,而使用燃气热水器和电热水器的受访者超过一半;有40%的受访者家的冰箱仍然含氟;只有56%的人认为依靠公民自主行动才是促进低碳、减缓气候变暖的有效措施。

(3)不少市民缺乏"低碳生活"常识。有超过半数的受访者承认自己虽然听说过"低碳生活",但不太了解。

4.2 创造"低碳生活"的认知状态与环保意识建议

政府和企业要为老百姓增强环保意识、接受低碳生活方式创造一定的条件，提供更大的便利。例如企业如果生产更加环保的产品，肯定成本会提高，这种环保产品卖到市场上价格自然也会提高，有些老百姓购买时就会觉得不划算。这时如果政府对环保产品给予一定的补贴，企业就不必高价出售，那么普通消费者就能以较优惠的价格购买到低能耗汽车、无氟冰箱等环保商品，既实现了低碳生活，又节省了经济开支，两全其美。又比如超市对使用环保袋购物的消费者给予积分奖励。再比如国家增设废旧物品回收机构，让老百姓处理废旧电池等废弃物时更加方便等。

要充分利用报刊、电视、网络等方式，进一步加大"低碳生活"观念的宣传和"低碳生活"常识的普及，尤其注重知识的普及。例如开车省油的技巧，空调温度如何设置更省电，如何选购节能环保产品等。

青年与少年受现代社会风气的影响，认为消费至上，节约能源意识弱，有部分人即使意识到低碳的重要性，但没有付诸行动。相对而言，老年与中年人受到成长时期艰苦生活的影响，他们原本在生活中就很节电、节水，与低碳生活相符，但他们对低碳生活常识了解不够深刻。市民对"低碳生活"的基本态度，对促进中学生日常行为规范和进一步践行"低碳生活"奠定了基础。通过这次实践活动，参与的同学接受了一次生动的环保教育，培养了低碳意识，同时也为教师今后开展类似社会实践活动积累了宝贵的经验。

参考文献

[1] 贾柱. 低碳时代已经到来[J]. 电器中国,2010(1):90-91.

[2] 张一鹏. 低碳经济与低碳生活[J]. 中外能源,2009(4):12-15.

[3] 秦大河. 气候变化科学的最新进展[J]. 科技导报(北京),2008,26(7):3.

[4] 中华人民共和国国家发展和改革委员会. 中国应对气候变化国家方案[R]. 北京:中华人民共和国国家发展和改革委员会. 2007.

[5] 周洪杰. 浅谈低碳经济的发展前景及困境[J]. 消费导刊,2010(4):192.

[6] 刘兆征. 我国发展低碳经济的必要性及政策建议[J]. 中共中央党校学报,2009(6):54-57.

[7] 吴义生. 环境科学概论[M]. 北京:当代世界出版社,1999.

【课程资源开发】

民族文化是民族地区学校德育回归生活的载体

余彭娜

（黔南民族师范学院生物科学与农学院，贵州都匀 558000）

摘　要：道德教育如何能摆脱空洞、抽象的说教，给予当代青少年真正有效的精神指导，是一个重大课题。少数民族地区在解决该问题时，应重视本民族文化，利用地区资源优势，将学校德育融入民族生活之中，以真正提高德育的实效。

关键词：道德教育　民族地区　民族文化　回归生活

"不以规矩，不能成方圆"，古往今来，有形的法律制度和无形的行为规范——道德，就像社会发展道路上的两条轨道，引领着人类社会的车轮向着文明、和谐、幸福的目标不断前进。"道德"是不同文化中对善恶、是非、正义与非正义等伦理观念和行为规范的判断准则，具有意识性和非强制性，伴随人类的产生而产生并随社会的发展而变化。

道德教育（简称德育），是指教育者创设教育情境，使受教育者体悟道德精神和道德规范，逐步形成一定的道德判断力、选择力和实践能力的活动。当前，在社会转型期，全球经济的一体化、生活方式的巨变，导致了中国文化原有的儒家的道德规范在逐渐丧失，社会正面临着人心秩序失范、价值取向混乱的局面。德育问题日趋紧迫，在少数民族地区尤为复杂。拥有不同文化和历史的少数民族该如何处理本民族文化与主流时代思潮之间的冲突呢？这已是少数民族地区学校德育的一大课题。

马克思、恩格斯提出，"共产主义者根本不进行任何道德说教"。教育家陶行知也曾提出"生活即教育""道德是做人的根本"。现代德育在经历了长时间抽象教条而收效甚微后，已逐步回到"以人为本"、以生活代替说教的道路上来。笔者认为，在少数民族地区，由于民族文化蕴藏着丰富的德育内涵并源于生活，将其作为载体无疑是对德育回归生活的最好切入。为此，把握两点至关重要，一是充分挖掘和利用数千年来本民族文化中的德育资源；二是以民族学生为本，找到德育回归生活的途径。

1. 将民族文化纳入民族地区学校德育的必要性

我国有着丰富多彩的民族文化。在一般人眼里，一块刻经石、一组经幡、一座佛塔、一种饮食和服饰、一段斋戒时期、一个民族节日、一种成人礼仪式、一项民族体育活动，甚至民族地区的山水建筑、人文环境等，似乎都很平常，但对于少数民族而言，其中的教育意义和文化传承的作用却不容低估。因此，民族地区学校的德育内容，首要考虑的应是民族文化。

1.1 民族文化在民族地区学校德育中的重要作用

民族文化是各民族在其历史发展过程中创造和发展起来的具有本民族特点的文化。我国的 56 个民族，尽管各民族文化呈现出不同的民族形态，但都具有重视伦理道德的显著特点。例如，在家庭关系上主张"父慈子孝""兄友弟恭""夫唱妇随"；在个人和国家的关系上，倡导"公忠为国"；在处世待人上，推崇"厚德载物""推己及人"；在人生态度上，提倡"豁达乐观""自强不息"；在道德修养上，强调"以道制欲""教化习修"；在道德价值导向上，高扬"富贵不能淫，贫贱不能移，威武不能屈"等。正是这些传统美德，促使了民族的和谐统一，促进了社会的有序发展。

当民族文化的一系列具体内容作为学校教育的重要内容时，它具有一般知识教育、技能教育所不具备的教育功能，这一功能还会因民族地区学校的特殊性而更显重要。如各民族在历史迁徙中所形成的哲学、政治、道德观念，所创造的音乐、舞蹈、传统工艺，所凝结在建筑、园林、风俗中的审美意识等，都包含着理解自然，理解人生，正确处理人与自然、人与社会之间关系的许多有益的启迪，都可成为提高少数民族学生自身素养，加强民族认同感和塑造民族品格及精神的有效手段。

改革开放以来,由于对西方文化的盲从、理想与现实错位等诸多因素的影响,学生们感到迷茫、无所适从,校园里信仰、理想、精神等缺失。教育的真谛是育人,而育人的核心是育德。育德的价值在于唤醒学生的个体精神,给予他们认识自我和认识自身民族的正确视角。一个民族,如果没有振奋的精神和不懈追求的理想,就没有民族凝聚力,就不可能自立于世界民族之林。而民族凝聚力则来自于信仰的凝聚力——民族精神的塑造和弘扬。因此,重塑国人信仰,以民族文化作为民族精神教育的基本内容将成为新的教育共识,从而实现更为有价值的民族精神的创造。

1.2 民族文化对民族地区学校德育的生活优势

以人为本、回归生活,这是当前学校德育的方向。当来源于生活的民族学生喜欢的民族文化被纳入德育的重要内容时,民族地区学校将会收到不可估量的德育实效。

在环境生源方面,学生基本来自本乡本土,有着非民族地区学生无法取代的认知背景。学生们自幼吸吮着本民族的文化乳汁,呼吸着本民族的文化气息,在本民族文化的摇篮中成长。他们熟悉、热爱家乡的山水草木,对自己民族的语言、服饰、习俗等有着独特的情感,对本民族的了解与生俱来。因此,他们在接受本民族文化的德育时将会水到渠成、事半功倍。

在课程资源方面,课程是学校教育的主要形式,课程资源就是课程的承载者。每一种民族文化的产生和存在都离不开特定的文化土壤,离不开各自民族的历史和生产生活实践。当以民族文化进行课程德育时,在民俗文化的课程素材如文字、诗歌、寓言、音乐、舞蹈、体育等方面,在民族工艺的实物教具如蜡染、马尾绣、织染、陶瓷等方面都有着得天独厚的优势。

无论何种教育,教师的作用都至关重要。在师资方面,由于民族地区特别是中小学,大多数教师来自本地区、本民族,对本民族文化耳濡目染。当本民族教师用本民族文化对本民族学生进行德育时,无论是生动的比喻,还是真实的体验,自然有着他人无法企及的优势。

1.3 民族文化纳入民族地区学校德育可兼顾当地民族性的惯性作用

每一个民族都有自己的语言文字、传统文化、群体共性心理、行为特征、价值体系和思维定式等,统称为民族性。民族性本身意味着一种深厚的文化积淀,总会以这样或那样的方式影响和制约着特定民族的个体或群体的行为发展及灵魂塑造。民族性这一惯性力作用的特性对个体或群体道德的约束和影响,有时甚至比正规教育机构的教育作用还要大。例如,在非正规的教育之中,史诗的传唱尤为典型。如藏族的《格萨尔王传》、蒙古族的《江格尔》、彝族的《勒俄特依》等,尽管传唱者可能并不识字,有的史诗内容可多达 300 万字,许多历史、宗教、伦理、家族家支的渊源、生产生活技能、民族文化意识等的传承均蕴含其中,成为少数民族知识和精神遗产的主要载体,形成了以宗教为代表和表现形式为民族文化的教育整体。所以当把民族文化作为民族地区学校的德育内容时,一方面可以兼顾当地民族性的惯性作用,另一方面还可以考虑到当把民族文化置于课程德育的层面时,民族性有关的德育内容与正规教育中德育内容之间的相互联系、互相影响,则会共同构建起一个具有民族特色的德育知识体系。

1.4 民族文化纳入民族地区学校德育符合当代德育学习转向的条件

德育应该是学习者自主建构品德的过程,完成这一过程必须实现由"教"转向"学",由"知道"转向"体道",由"理解"转向"认同",由"占有"转向"获得",由"再现"转向"实践"。要实现这些转向,就要让个体通过各种活动亲身经历某件事,去获得相应的认识和情感;要给学生提供符合实际的、需要的、能引起情感共鸣的学习内容和道德范例;要让德育实践与学生的学习、生活相结合。因此,将源于学生生活的民族文化纳入民族地区的学校德育,在给学生组织活动、提供学习内容、运用道德理论联系个人实际时,就可完全具备德育学习转向的所需条件,从而帮助学习者自主构建品德。

2. 民族文化是民族地区学校德育回归生活的途径

2.1 重视国家德育课程,改革德育课程现状

2.1.1 对现用教材进行处理

我国中小学的国家德育课程主要有思想政治教育课和思想品德课。国家德育课程概括和浓缩了特定社会所积累的思想政治观念、道德规范、行为模式以及影响学生成长的理想、信念、世界观、人生观、价值观等观念形态的因素,是

对学生进行系统马克思主义理论与品德教育的主渠道和基本环节。

目前在民族地区使用的德育教材多数是以汉族和城市为中心的全国统一教材,缺少对少数民族文化中德育资源的吸纳,造成了少数民族学校道德主体与内容的脱离,使课程的德育功能低下。因此,有必要对教材进行处理。如可对教材过于知识化的政治条文、规范戒律部分进行适当的精简,在相应章节增添地方志、民族史等本民族文化的德育资源,使教材不仅融思想政治、德育理论、本民族文化和生活实际为一体,而且还便于德育教师的课程实施。又如,在讲解有关德育的知识概念、价值体系和语言符号等抽象理论的同时,可引入特定民族的相关案例、风土人情,从而引起学生情感上的共鸣,提高德育课程的功效。

2.1.2 增加德育实践内容

在课程形式上,应力求生动活泼、形式多样,改变目前足不出户、封闭灌输和死搬教条的局面。应避免学生只会死记空洞的规范条文,遗忘了对真实生活的体验,使本来属于生命一体化的德育变成了生命以外的东西。当代德育学习强调的是要由"再现"转向"实践",而道德源于生活,德育的实践过程必然内含于生活实践之中。因此,德育课程应走出课堂、深入村寨,增加与课堂内容相应的本民族文化的调查、考证、观摩、访问等实践参与活动,使学生的德育理论知识在实践中获得体验和感知,学以致用,达到自我激励、自我完善的境界。

2.2 将民族文化的道德内容融入学科教学中

任何一门课都有着丰富的德育因素。把本民族文化德育内容与学科教学结合起来,让民族学生在学习不同学科时,多层次、多角度地联系生活体验德育,这是民族地区学校每位教师都应有的教学理念和义不容辞的责任。因此,各任课教师在教学时要做"有心人",善于发现学科知识里与德育之间的显性或隐性、直接或间接的联系,并恰到好处地把民族文化相关的德育内容自然有机地融入其中。例如,在贵州省的黔南布依族苗族自治州荔波县和黔东南苗族侗族自治州榕江县等苗族、侗族地区,流传着万物有灵的自然崇拜民俗,祖祖辈辈对树的崇拜,使得该地区一直拥有茂盛的喀斯特森林。这类身边的生活案例一旦巧妙地结合到地理、生物学科的教学中,学生在掌握学科知识的同时,自然还会做出乱砍滥伐是破坏生态、道德卑劣行为的价值判断。教育者也就真正达到了寓德育于学科教学之中、寓教育于学生生活之中的目的。另外,像历史、语文、美术、音乐、体育等,同样可根据内容去挖掘本民族文化中的诗歌、文字、传说、山歌、蜡染和传统游戏等德育资源。

2.3 利用民俗节庆,开展德育活动

民俗节庆在民族地区是少数民族生活中的一大盛事,它是当地宗教信仰、习俗礼仪、社交娱乐、伦理道德、民族心理等的综合反映,是民族文化的重要组成部分。民俗节庆不仅具有巨大的社会功效,更蕴藏着丰富的德育资源。如"端节"就是贵州省黔南布依族苗族自治州三都水族自治县40万水族同胞每年庆祝谷熟的盛大节日。节庆期间聚亲会友、娱乐狂欢、祭祀祖先、水书表演、马尾绣展,以及耍水龙、抢鸭子、敲铜鼓、吹芦笙、对歌、赛马等,无不反映出水族团结、爱家爱国、祭祖敬亲、崇尚劳动、自然本原、和谐为美的传统美德。

针对青少年对文体娱乐活动的热情向往、对节庆到来的兴奋盼望等年龄特征,利用民俗节庆挖掘德育资源发挥德育功效,是使民族地区学校德育走向生活、寓德于乐的又一良机。如每逢端节水寨家家户户都要吃"转转饭",当地学校在放假的三天里(水族自治县的民族权限),仅这一项节庆民俗就可开展"我做转转饭""我吃转转饭""转转饭到我家""转转饭的由来和寓意"等多项活动,让学生带着意识走进"端节",体验劳动、学会感恩,更真切地去感受尊老爱幼、互帮互爱、村寨和谐的美德氛围。节后再以主题班会、团队活动、朗诵比赛等形式,相互共享自我教育。总之,民俗节庆内容丰富,学校要不拘一格,让学生通过节庆深刻理解每项民俗的精神内涵,达到道德自律的最高境界。

2.4 构建具有民族特色的校园文化

校园文化是在特定的学校环境中,人为创造和长期形成的所有有形与无形的客观存在,是深层反映学校特点的上层建筑与意识形态。校园文化有着独特的育人功能,其独特就表现为一种无意识的状态。它最大限度地消除了在有意识接受外部信息的过程中可能产生的排斥和逆反心理,使受教育者在无任何心理抵触中自然而和谐地接受教育。因此,高度重视校园文化的教育优势,构建有民族文化特色的校园文化,将是民族地区学校德育走向生活的又一举措。如校园里播放的是本民族优美的音乐;学校的精美雕塑是本民族最有特色的工艺;在橱窗中、板报里,有本民族传说和美德;在校园醒目处、教室布置中,使用

本民族文字写的蕴含德育、激励成才的格言、警示和诗句;开发以本民族文化为内容的校本课程、文体活动;等等。通过各种途径张扬民族文化,努力把德育的思想、理念变成一种精神化的形式融于校园的文化生活中。不仅对学生有着润物细无声的德育功效,而且对于彰显学校文化精髓、打造学校品牌特色具有重要作用。就像驰名中外的侗族大歌,将侗族的历史通过独特的民族音乐——大歌的演唱,由贵州省从江县侗族中小学的校园文化颂扬到了世界各地。

综上所述,民族文化是民族地区学校德育回归生活的桥梁和载体。在民族地区唯有民族文化才能把学校德育与学生的自我教育、自我完善和自我发展自然紧密地联系在一起。它如同使鹅卵石臻于完美而载歌载舞的水,不是生硬的说教,而是满载生活的真谛,蕴含博大精深的美德,在潜移默化中塑造出具有独立个体意识的少数民族人才。

参考文献

[1]安春元.对增强高校德育实效性的思考[J].西南师范大学学报(人文社会科学版),2004(3):27-30

[2]马克思,恩格斯.德意志意识形态[M]//马克思恩格斯全集.北京:人民出版社,1961:25.

[3]陶行知.中国教育改造[M].台北:东方出版社,1996:150.

[4]程方平.简论中国少数民族的传统教育模式[J].教育研究,2008(7):93-98.

[5]陈芳.弘扬我国民族优秀道德传统[J].发展研究,2007(8):96-97.

[6]郑爱莲.民族文化的国家意义与教育价值[J].思想教育研究,2005(9):11-17.

[7]谢名家."文化经济"历史嬗变与民族复兴的契机[J].思想战线,2006(1):31-38.

[8]韩红升,王拴柱.试论当代中国德育课程改革的民族性研究[J].教育理论与实践,1997(2):13-16.

[9]范树成,李海.当代德育学习的转向[J].教育评论,2008(4):36-39.

[10]佘双好.试论直接学科德育课程建设[J].当代教育论坛,2004(12):50-55.

[11]刘健飞.传统节日的德育功效探析[J].黑河学刊,2008(4):99-101.

[12]洪晓萍.校园文化在德育教育中的作用[J].中国科教创新导刊,2007(12):63.

开发民族地区校本课程，
传承发展民族文化
——以贵州省黔南布依族苗族自治州为例

余彭娜

（黔南民族师范学院生物科学与农学院，贵州都匀 558000）

摘 要: 我国是一个多民族国家,具有丰富多彩的民族文化,而民族文化的生存与发展正面临着诸多问题,有的正濒临失传。学校教育是传承、发展民族文化的最佳途径,开发民族文化校本课程是传承、发展民族文化的最佳方式。民族地区民族文化校本课程的开发任重道远。民族地区学校具有独特的环境资源、课程资源、师资队伍和普及传播优势,完全有条件开发民族文化校本课程,以传承、发展民族文化。

关键词: 民族地区 校本课程 民族文化 传承发展

校本课程是学校充分利用本地区和学校的办学资源,根据学校办学理念和实际情况自主开设的课程。校本课程的开发可以解决学生所学课程与社会生活分离、教师和学生与课程分离等弊端,也可使学校从中央集权的课程行政体制中解放出来,使教师从各种干扰教学的限制中解放出来,使学生从压抑自己能力和兴趣的课程中解放出来。第三次全国教育工作会议的召开和《基础教育课程改革纲要(试行)》的颁布,使校本课程的开发受到广泛重视。

少数民族地区整体发展相对薄弱,校本课程的开发也相对滞后,即便开发其内容也与非民族地区雷同,对以传承、发展民族文化为内容的校本课程开发也少有报道。本文以贵州省黔南布依族苗族自治州(以下简称黔南自治州)民族文化为背景,在广泛调研的基础上,对传承发展民族文化的途径、民族地区民族文化校本课程开发的意义、现状、优势等进行了分析。

1. 民族地区民族文化现状

1.1 民族文化丰富多彩

黔南自治州拥有布依族、苗族、水族、瑶族、毛南族等少数民族,少数民族人口占全州人口总数的50.9%。各民族具有自己独特的语言、习俗、服饰以及绚丽多彩的民族文化。无处不歌、无事不歌、以歌传道是苗族传统教育的主要手段;伴嫁舞、布依戏、花灯戏、铜鼓和姊妹箫等具有显著的布依族特点;蜡染、刺绣、织锦、马尾绣和牙舟陶等是黔南自治州不同民族的传统工艺;布依族和水族在几千年的民族迁徙中,还产生了记载各自民俗文化的文字符号"布依文"和"水书"。黔南自治州各族人民在长期的生产生活实践中积累的丰富知识与经验,已成为中华民族灿烂文化的重要组成部分。

1.2 民族文化所面临的困境

在全球化进程快速发展的今天,随着文化的转型,少数民族非物质文化遗产赖以生长的文化生态环境也在迅速变化,部分民族文化正面临着生存与发展的问题,如黔南自治州较具特色的"水书"、牙舟陶瓷艺等,正濒临失传的危险。

"水书"被列入国家第一批非物质文化遗产名录,其形状类似甲骨文和金文,至今仍在黔南自治州内的丧葬、营建、出行、过节、占卜、农事等活动中发挥着重要作用。据有关专家考证,水书可能比甲骨文历史更悠久。长期以来,水书靠誊写抄录来传习,没有统一刻板。在水族地区能较精通地使用水书者绝大多数已是65岁以上的"水书先生"。水族人对水书还具有传男不传女、传内不传外、择优而传的传统,水书的传承出现了严重的断层现象。

"牙舟陶器烧制技艺"被列入国家第二批非物质文化遗产名录。牙舟陶生产始于明代洪武年间,距今有600多年历史,属自然龟裂的玻璃釉型工艺,造型古朴,陶艺装饰采用蜡染、刺绣等民族工艺,极富文物神韵;贮物泡茶不易变质,还有较高的实用价值。目前,牙舟镇做陶器的也只有几家私人作坊。随着现代生活日用品的不断丰富,当地年轻人也认为牙舟陶器虽然精美实用,但工艺复杂,工期长,劳动价值低,宁可外出打工也不愿学做陶艺。牙舟陶艺后继乏人,日渐衰落。

如何使少数民族在享受现代文明的同时,传承、发展民族文化,是一个值得深思和研究的问题。任何一个民族,都需要通过本民族的历史文化来认识自己,也需要通过其他民族的历史文化来认识其他民族,并从中汲取创造的力量。世界上任何民族,如果抛弃本民族传统,丧失民族文化特色,就会在国际政治中失去影响力。传承民族文化是连接民族情感的纽带,是增进民族团结、维护世界文化多样性、促进人类共同发展的前提。

2. 传承与发展民族文化的途径

2.1 保护与传承民族文化的一般途径

民族文化的日趋濒危,促使人们去寻找各种保护、传承的途径,如制定相关法制法规,申报文化遗产,建立民族文化村、博物馆,开展民俗节庆,开发旅游联姻,保护民族文化传承人等。但这些途径仅局限于对民族文化的保存与展示,而对民族文化的教育作用并不突出。一个民族的传统文化如果不体现其教育意义、不加以创新和发展,就没有生命力。保护是传承的前提,发展是传承的目的。创新与发展可使传统文化恢复活力转为现代型,成为与当代社会相适应的高一级文明,并生生不息、世代绵延。

2.2 学校教育是传承与发展民族文化的最佳途径

青少年是学校的主体,既是民族文化的传承者、受教育者,更是发展民族文化的实践者。就传承发展民族文化而言,学校教育更具优势。

首先,当民族文化的一系列具体内容作为学校教育的重要内容时,它又具有一般知识教育、技能教育所不具备的教育功能。如各民族在历史迁徙中所形成的哲学、政治、道德观念。所创造的音乐、舞蹈、传统工艺,所凝结在建筑、园林、风俗中的审美意识等,都可汇聚成人们自身的素养逐渐积淀为民族心理、民族品格;同时,各民族服饰、建筑、音乐、舞蹈、文字、传统工艺等,不仅包含了各民族特有的审美观念,而且包含了理解自然,理解人生,正确处理人与自然、人与社会之间关系的许多有益的启迪。

其次,在民族文化流行的过程中,始终存在不同思想的碰撞和激荡,不论是战国时代"百家异说"的相互对抗,还是唐代以来中原文化与域外文化的相互影响,或是近代以来中西文化最为激烈的冲突与交融,都使民族文化本身容纳了域外的种种文化形态与思想观念。外来的文化因素在不断地撞击着民族文化的既成体系,形成了鉴别民族文化中精华与糟粕的不能回避的参照。受教育者通过动态思维、接受和辨析,将启发出新的思想观念,激变出新的人生智慧。民族文化的教育在这个过程中将焕发出完全鲜活的教育能量。

现代的教育理念,不是要将民族文化向受教育者和盘托出,使其成为民族文化所包含的基本精神衍生品,而是要在民族文化教育的过程中,使他们在受到民族精神熏陶的同时,又形成自觉的批判精神;既受到民族文化思想上的养育,又不断地开启现代人的新型思想和智慧;既领略民族文化艺术表达上的审美观念,又时刻以动态的眼光形成新的艺术感悟。在这种生机勃勃的教育过程中,民族文化必然得到充实与发展。可见,民族文化的学校教育对促进民族文化的发展具有很大作用。

3. 民族地区开发民族文化校本课程是传承、发展民族文化的最佳方式

3.1 民族地区开发民族文化校本课程的意义

在民族地区,在既不影响国家课程,又将传承发展民族文化引入学校教育中的前提下,最佳的方式就是开发以民族文化为内容的校本课程。国家课程因其自身的要求与特点,不可能充分考虑各地方、各学校的实际,也不可能照顾众多学习者的认知背景,更无力在策略教学方面采取针对性的措施。开发校本课程可在国家课程和地方课程开设的同时,满足学生的发展需要,这只是开发校本课程的普遍意义。由于民族地区特有的地域环境、民风民俗和民族文化等,其校本课程的开发意义更重大,特色更鲜明,内容更丰富。

首先,开发校本课程意味着一种文化,即学校精神文化的集中体现。无论是校本课程的目标、实施过程还是评价,都渗透并彰显着学校文化的精髓与功力。开发校本课程还意味着发展特色,一所学校的生命力在于有特色,要想打造品牌学校,必须冶铸特色。在民族地区将本民族特有的文化引入到校本课程的开发之中,对于彰显学校的文化精髓、冶铸学校的品牌特色更具现实意义。其次,民族地区开发民族文化的校本课程,可使学校教育在传承本国主体民族

文化和其他文化的基础上,更进一步完成了该地区少数民族文化的传承,扩大了其民族独特文化的影响范围,在国家整合和保护少数民族文化的多元发展方面具有深远的意义。再次,由于民族地区经济、文化、教育等特殊条件的限制,一些少数民族缺乏对自身的正确认识,或过分强调民族认同而故步自封,或过分强调国家认同而被主流文化所同化。在民族地区开发民族文化的校本课程,可培养学生的民族自信心和民族精神,提高其综合素质以促进自身全面发展,为形成普遍的国家认同和民族认同,构建社会主义和谐社会添砖加瓦,为国家教育和地方知识之间的矛盾提供了解决的途径。

今天的社会,文化与经济已经密不可分。几乎所有的经济活动和物质产品都包含着文化的内涵,文化已成为当代社会经济增长的基本推动力。目前,我国大多数民族地区的经济发展还比较落后,与文化之间还缺乏共融、互动。要促进少数民族地区的发展,就要超越单纯发展经济的社会发展理念,既要大力发展经济,又要注重发展文化。民族文化是民族地区具有特色和优势的文化,在民族地区开发民族文化校本课程,通过特色文化的熏陶可决定人的思维方式和行为方式,为振兴民族产业提供精神支撑;通过民族文化的传承,挖掘已有的文化资源,创造文化产品,可为促进当地特色经济发展发挥重要作用。

3.2 民族地区开设民族文化校本课程的现状

根据国家课改政策,全国许多中小学纷纷进行了校本课程的开发,有的已初见成效。但对民族地区以民族文化为内容的校本课程开发的报道却寥寥无几。

为了保护和传承贵州省丰富多彩的民族文化,2002 年 10 月,贵州省民族宗教事务委员会和贵州省教育厅联合下发了《关于在我省各级各类学校开展民族民间文化教育的实施意见》,民族民间文化被正式纳入教育体系。目前,全省已有贵州大学、贵州民族学院等 431 所院校结合本校实际开展了民族文化进课堂活动。黔南自治州都匀市教育局于 2006 年 6 月分别将苗族、水族两族聚居地区的坝固民族小学、奉合民族小学等确定为民族文化进校园示范学校,开设了水书、剪纸、芦笙歌舞、"双语"等课程;三都水族自治县人民政府还组织编写了《水族文化进校园小读本》,在部分中小学进行水族文化的初级教育;平塘县牙舟镇也把牙舟陶器一些简单的烧制技艺引进了学校。北京大学教授、中国民间文化遗产抢救工程专家段宝林认为:"这种把民间文化(非物质文化)内容纳入大中小学课程的做法,对民族文化的传承发展至关重要,值得普及。"

然而,由于升学考试的压力、国家课程的影响、资金来源困难、课程开发的意识和能力薄弱、地方政府重视不够等原因,不少学校的民族文化课程形同虚设。课表上这类课程的安排,表面上用以应付上级检查,实际被国家课程或升学所考科目挤占、挪用。即便民族文化进了校园,也仅限于丰富校园文化的"活动"。由于缺乏真正意义上的课程设计,从而导致课程目标不明确,制度和措施实施效果无保障;既没有内容的系统性,也没有形式的逻辑性,更没有课程的延续性。迄今,黔南自治州乃至贵州省尚无一所学校科学、系统地进行过民族文化校本课程开发的实质性工作。以传承、发展民族文化为内容的校本课程开发还任重道远。

3.3 民族地区学校开发民族文化校本课程的优势

民族地区学校不仅有责任有义务开发民族文化校本课程,而且完全有条件、有优势开发民族文化校本课程,以传承、发展民族文化。

3.3.1 环境生源优势

民族地区的学校生源基本上来自于本乡本土,有着非民族地区学生无法取代的认知背景。这些学生自幼就吸吮着本民族文化的乳汁,呼吸着本民族文化的气息,在本民族文化的摇篮中成长。他们熟悉、热爱家乡的山水草木,对自己民族的语言、服饰、习俗、文化等有着独特的情感,对自身民族的了解有着与生俱来的基础。开发校本课程对他们进行民族意识的启蒙,民族文化的传承将会水到渠成、事半功倍。

3.3.2 课程资源优势

课程资源是课程的承载者,没有课程资源就谈不上校本课程的开发。每一种民族文化的产生和存在都离不开特定的文化土壤,离不开各自民族的历史和生产生活实践。民族地区学校开发民族文化校本课程,在民俗文化的课程素材如文字、神话、诗歌、寓言、音乐、舞蹈、戏剧等方面,在民族工艺的实物教具如蜡染、刺绣、马尾绣、织染、陶瓷等方面都有着得天独厚的课程资源优势。

3.3.3 师资队伍优势

任何新课程的开发都离不开富有巨大创新潜力的教师群体,"创新模式的校本课程"尤为如此。在民族地区特别是中小学,教师大多数来自本地区、本民族,对本民族文化耳濡目染。本民族教师在本民族文化校本课程的开发中,自然有着其他教师无法企及的优势。根据民族文化校本课程的内容特点,课程的实施只能由专、兼职教师共同完成。通过校本课程对资源的挖掘、整理和开发,民族文化传承人、民间老艺人将得到实质性的重视和保护。聘请他们作为兼职教师,可增强他们的自豪感和荣誉感,进一步激发他们传授民族文化的热情。同时,校内教师也可在课程实施过程中一并得到培训、提高,促进其民族文化的专业化发展,从而建立起传承、发展民族文化的教师队伍。

3.3.4 普及与传播优势

在传统与现代文明激烈碰撞的今天,民族文化已成为一种弱势文化。尤其在民族地区,有相当数量的人对民族文化认识不足,追求所谓时尚,狭隘地认为本民族的服饰、语言、艺术、风俗等"土气",是愚昧落后的表现。他们在文化上大有陷入集体无意识状态的趋势,民族文化已濒临消亡的边缘。通过开发民族文化校本课程,学校的每一个学生会把所学到的本民族优秀文化成果辐射到每一个家庭,把他们所形成的对本民族文化的情感、态度和价值观有效地传递给其家族的每一个成员,进而将传承发展民族文化的各种信息覆盖到整个民族地区。

3.4 校本课程建设可保证民族文化校本课程的实施效果

校本课程一旦纳入学校课程的组成部分,学校就必须建立健全组织与管理制度,设计或编制一定的方案,遵循一定的程序、步骤,经历一定的流程。这正是与丰富校园文化生活开展的"活动课""综合实践课"的区别所在。借鉴一些学校的成功经验,操作程序一般为:①需要评估,明晰培养目标,分析课程资源;②确定课程的总体目标,制定课程的大致结构;③组织与实施,制定《校本课程开发指南》,对内、外源师资进行培训并自主申报课程,由学校相关组织审议通过,编入《学生选修课程目录与课程介绍》供学生自愿选课,学校形成《校本课程开发方案》,任课教师撰写《课程纲要》《教学计划》等;④评价,包括《课程纲要》的评价、实施评价和学生学习成绩的评定、教师施教过程的评定等;⑤校本课程开发管理,成立校本课程开发领导小组,负责课程的规划、审议、计划管理的执行、评价和教材编写、教师校本培训等。可见,在一系列措施和严密的制度下,民族地区校本课程中传承发展民族文化的实施效果定会得到有效的保证。

综上所述,要挽救悠久的民族文化,呵护旁落的民族文明,要有环境、资源的优势,要有制度和措施的保证,要唤起社会上更多人的关注与重视,要发挥在民族地区开发以传承发展民族文化为中心的校本课程无可替代的优势。民族地区的校本课程无论在冶铸学校的品牌特色方面,还是在课程内容、开发意义上都是有别于非民族地区的。其根本就是要在增强学生综合素质、以人全面发展为本的基础上,充分整合、凸显少数民族地区得天独厚的资源优势;正视民族文化所面临的困境,勇敢地担当挖掘、传承和发展民族文化的历史重任。任何脱离学校自身实际和所处地域文化的资源开发都将是无本之木。只有把传承发展民族文化作为开发民族地区校本课程的方向,才能"面向本土、来自本土、服务本土",更充分地体现地方特色和课程内容的先进性,更好地反映地方文化、满足本地学生的发展需要。

参考文献

[1]张智华,甄丽娜. 关于基础教育校本课程改革中的几个概念——兼谈课改中的概念混用现象[J]. 陕西教育学院学报,2008(2):29-32.

[2]叶成勇. 水书起源时代试探[J]. 贵州民族学院学报(哲学社会科学版),2006(1):22-26.

[3]潘朝霖. "水书习俗"的文化价值[J]. 贵州社会科学,2008(3):43-47.

[4]杨俊. 对贵州牙舟陶研究的价值与意义[J]. 贵州民族研究,2007(2):122-125.

[5]郑爱莲. 民族文化的国家意义与教育价值[J]. 思想教育研究,2005(9):11-17.

[6]曹能秀,王凌. 少数民族地区的学校教育和民族文化传承[J]. 云南师范大学学报(哲学社会科学版),2007(3):64-68.

[7]谢名家. "文化经济":历史嬗变与民族复兴的契机[J]. 思想战线,2006(1):31-38.

[8]严庆,李彬. 民族文化与民族教育互动发展的助推工程[J]. 贵州民族研究,2007(4):152-158.

[9]常维国. 校本课程开发:问题与对策[J]. 学术论坛,2008(5):202-205.

[10]艾力·伊明. 新疆少数民族贫困地区农村学校校本课程开发的几点思考[J]. 民族教育研究,2006(4):47-52.

[11]熊梅,脱中菲,王廷波. 校本课程开发实践模式探索[J]. 教育研究,2008(2):61-65.

[12]朱继玉.贫困地区校本课程开发"有米可炊"[J].教育探索,2008(4):197.

【生物与教学论研究】

民族地区高师学科教学论教师专业发展现状调查与分析

——贵州黔南民族师范学院为个案研究

余彭娜

（黔南民族师范学院生物科学与农学院，贵州都匀　558000）

摘　要：以黔南民族师范学院为个案，对学科教学论教师的专业发展现状进行调查与分析。结果表明，教育的基础理论、实践理论、教育研究方法等是民族地区高等师范院校（以下简称"高师"）学科教学论教师专业发展的瓶颈。普遍偏低的师范本科学历、缺乏必要的针对性职后培训，正是导致其匮乏的源头；不被重视的学科地位、不够明晰的教师定位、地区经济发展滞后对教学、科研条件的限制等，是影响民族地区高师学科教学论教师专业发展的诸多因素。为此，本文提出四点建议。

关键词：民族地区高师　学科教学论教师　专业发展　调查与分析

学科教学论是师范院校各学科对师范类学生开设的一门必修课，是具有学科性质的教育学学科。它在教育理论与学科教育实践之间起中介作用，具有很强的思想性、师范性、实践性和不可替代性，在创造教师专业价值方面具有指导学科教学的科学价值。在地方高师，该课的教学质量不仅会直接影响其办学方向，甚至还将影响到所在地区的文化、教育和经济发展。由于该课教学质量在很大程度上依附于授课教师的专业发展，因此在少数民族地区，对高师学科教学论教师的专业发展进行探讨和研究，具有提高民族素质，推动地区文化、经济发展和社会全面进步的重要意义，同时也能为师范教育的类似研究提供有价值的参考及有依据的建议。

1. 调查对象与方法

1.1 调查对象

黔南民族师范学院系部中开设有师范类专业的所有学科教学论教师。涉及教育科学、历史、音乐、外语、美术、政法经济、汉语言文学、体育教育、数学、物理学、化学化工、生命科学、计算机科学这 13 个学科。

1.2 研究方法

采用了问卷调查、访谈、数理统计等研究方法,并辅以自身对该课程的教学体验一并进行分析。调查时间为 2009 年 1—3 月。所有调查对象均为2007—2008 年度学科教学论授课教师。根据每个系均为一位教师讲授该课,发放问卷 14 份(汉语言文学专业有两位教师讲授该课),回收 14 份,回收率为 100%,回收问卷均为有效问卷。

(1)问卷编制。问卷主要从调查对象的基本信息、教学策略、教育研究能力、学科地位的影响、专业发展需求这 5 个维度进行编制,各维度题数随维度范围而设置,题型分别有封闭式(单选、多选)和开放式。

(2)访谈提纲拟定。由于调查具有样本不大,与调查对象易接触的优势。为弥补在问卷中不够深入的问题,并就问题与被调查者共同探讨等,本调查还进行了多人次个别深入访谈。访谈提纲拟定有:教材处理、课时分配、课程建议、影响自身专业发展的因素等内容。

2. 调查结果与分析

2.1 教师基本信息结果与分析

2.1.1 职称结构状况(表 1)

表 1　教师职称结构状况

职　称	教　授	副教授	讲　师	助　教
人数(人)	2	4	7	1
占总体百分比(%)	14.3	28.6	50.0	7.1

表 1 显示,职称结构中教授占 14.3%,副教授占 28.6%,讲师占 50%,助教

占 7.1%,可见学科教学论教师高级职称占到了 42.9%。访谈得知,绝大多数高级职称教师并不固定讲授学科教学论,有的甚至是近期才教授这门课程,其职称晋升也并非由教育研究成果所得。因此,调查中教师高级职称的比例不能完全代表学科教学论研究领域的学术水平;该课程师资队伍缺乏稳定性。

2.1.2 学历结构、职前教育、职后培训状况(表2)

表 2　教师学历结构、职前教育、职后培训状况

类　型	学历结构		职前教育		职后培训	
	本　科	硕　士	师　范	非师范	有	无
人数(人)	12	2	11	3	3	11
占总体百分比(%)	85.7	14.3	78.6	21.4	21.4	78.6

表 2 显示,学历结构中本科学历占到了 85.7%,硕士学历只占 14.3%。这对于高等教育的师资来说学历过于偏低,这与适应当代文化科技的飞速发展以及对教师教育人才培养中高学历师资的需求还相差甚远。目前,这一现象在民族地区高师仍较为普遍,反映了这些地区经济欠发达,存在工资待遇低、工作环境艰苦、研究条件差等难以吸引高学历人才前往的因素。学历虽说不等于能力,但由于接受了更多时间及内容的教育和训练,必然会使学历与实际知识及能力水平之间存在一定的相关性。因此,学历的提高在总体上将提高教师的专业素质,推动教师的专业发展,也为教学质量提供相应的保障。所以,改革发展师范教育不能忽视对民族地区高师高学历人才的引进。

在表 2 中,职前教育属师范类的教师占 78.6%,说明学科教学论教师职前大多数接受过起码的师范教育。但由于我国师范教育一直存在诸多问题,如培养体系不科学、课程结构不合理、教学方法陈旧落后、从教能力培养欠缺等,尤其是有关教育类的专业课太少,只有总学时数的 7% ~11%,教师掌握的师范教育的教学理论与技能是远不能满足和突出师范性需要的,也更难达到属教育类课程的学科教学论教师的专业要求。另外,属师范本科学历的调查对象,原本其培养目标是作为学科类基础教育的师资,这与属教育类的学科教学论高等教育师资比较,无论是教学的知识结构,还是教师的专业化水平,其要求显然有很大的差距。因此,该课教师的职后培训尤为重要。但表 2 显示,经过职后培训的教师仅占 21.4%,甚至包括非师范类职前教育教师在内的其他多数人从未进行过培训。可见学科教学论教师职后培训的特殊性、必要性在民族地区高师并没有引起足够的重视;在经费有限的情况下,相关部门对教师的职后培训也缺乏针对性。

2.1.3 教龄结构及学科教学论任教年限状况(表3、表4)

表3 教师教龄结构状况

教 龄	<9 年	10～19 年	20 年以上
人数(人)	2	4	8
占总体百分比(%)	14.3	28.6	57.1

表4 教师学科教学论任教年限状况

年 限	<5 年	6～9 年	10 年以上
人数(人)	7	4	3
占总体百分比(%)	50.0	28.6	21.4

表3 显示,教师教龄在 20 年以上的占 57.1%,可见多数系部对学科教学论授课教师的安排似乎依照了经验的推断。但表4 显示,对该课程任教年限少于 5 年的教师却占到了 50%,任教年限达 10 年以上的仅占 21.4%。表明教师的教龄与其对该课的任教年限并没有直接的关系。教龄的确是教师教学经验积淀的象征,它与学科教学论课程的教学质量确有一定的关系。但教龄的长短并不代表教师在学科教学论上的教学研究造诣,还应结合考虑对该课任教的连续性,因为这涉及教师对教材的熟悉程度、教学的策略运筹、教法的熟练操作等一系列有关该课程研究的教学规律和经验把握的诸多方面,两者在学科教学论知识的传授过程中,是教师是否对该课程"能教"和"教好"的关键。只有当教龄与学科教学论的任教年限达到吻合统一时,才能消除学科教学论教师从"职业"到"专业"的实际距离。

2.2 教师教学策略运筹结果与分析

教师教学设计中教法采用情况,见图1。

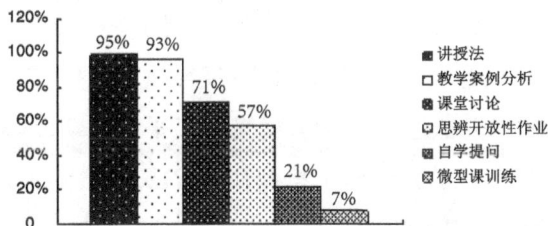

图1　教师教学设计中教法采用情况

图1显示,教学中教师能设计采用除讲授法以外的多种教法。有93%的教师认为教学案例分析最能调动学生学习兴趣;有71%的教师采用课堂讨论的教学方法;有57%的教师采用布置思辨开放性作业的教法;有21%的教师采用自学提问的教法;有7%的教师采用微型课训练的教法。

教师教学手段及课程建设情况,见图2。

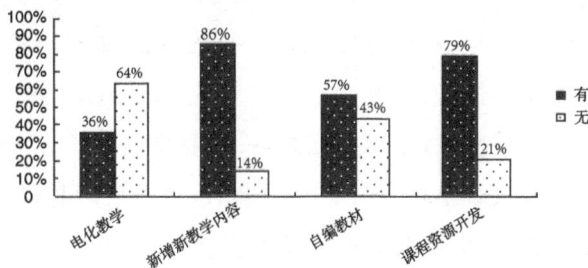

图2　教师教学手段及课程建设情况

图2显示,在教学手段及课程建设方面,采用电化教学的教师只有36%;86%的教师增添了说课、听课评课、中学教材分析等教材以外的教学内容;57%的教师还针对增添的教学内容自编了教材或讲义;79%的教师进行了收集基础教育优质课的影像资料、请中学老师到校进行示范性教学等课程资源的开发。

教师对学生成绩评价情况,见图3。

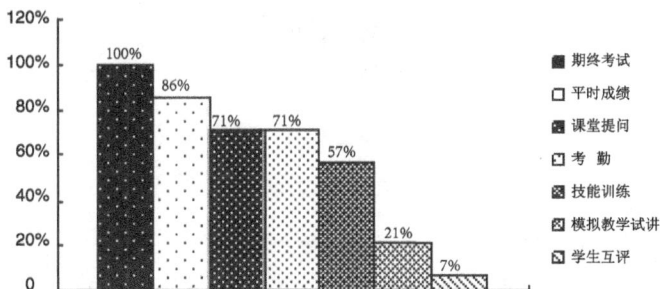

图3　教师对学生成绩评价情况

关于学生成绩,绝大多数教师避免了只以学生期终考分一锤定音的传统评价方式,采用了评价内容和标准多元化的发展性教育评价方式。图3显示,在依据期终考试成绩的基础上,86%的教师考虑了平时成绩;71%的教师考虑了课堂提问和考勤;57%的教师考虑了技能训练;21%的教师考虑了模拟教学试讲练习;7%的教师还考虑了学生互评。

教学策略的运筹在某种意义上代表着教师专业发展的水平。任何一种教学策略都是教师教学理论和教学思想的具体化。教学理论的水平和思想理念是决定教学策略的内因。访谈得知,尽管许多教师爱岗敬业、忠于职守、潜心研究教学,但由于从教条件起点较低、没有继续教育的机会,在教学基础理论及思想理念方面存在不足,对学科教学论的任教时间短且缺乏延续性等,导致他们对教学策略的运筹带有一定的盲目性。表现为教学设计上重在凸显教学技能的操作性和学生的参与性;对新的教育理念、课程理论、研究方法重视不够;教学方法仅凭多年的教学经验,知其然不知其所以然;对教材的处理和课时的分配,也并非站在教学理论和教学思想的高度,主要是依据自身知识的储备和学生的兴趣而定等。在教学手段上多半教师之所以没有采用电化教学,主要原因是由于民族地区财政困难,学院及所在系部经费紧张,电教设备十分缺乏不能满足教学需要。

2.3 教师教育研究能力结果与分析

本调查主要以发表的论文作为对教师教育研究能力的衡量。教师发表论文共47篇,研究领域涉及4个方面,其中学科专业研究的19篇,基础教育研究的12篇,学科教育研究的10篇,其他方面研究的6篇(图4)。

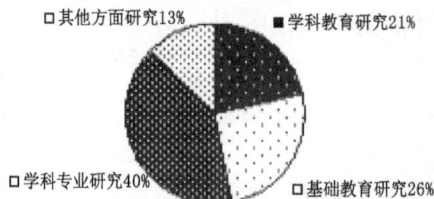

□其他方面研究13% ■学科教育研究21%

□学科专业研究40% □基础教育研究26%

图4 教师学术论文统计及研究领域情况

图4显示,学科专业研究论文远多于基础教育研究论文,这可能是由于学科教学论教师基本上都毕业于本学科专业,专业理论知识及实验技能的功底比教育类学科方面扎实,研究方法也更加得心应手的缘故。基础教育研究论文比

例又高于学科教育研究,其原因可能有:黔南民族师范学院是由原来的中师、教院、师专三校合并而成,原部分师资依所在校办学性质的要求与中小学接触较多,积累了丰富的实践研究素材;对基础教育课程改革的关注已成为近年来的一个研究热点;学科教育研究论文要求有较强的教育学理论,对写出高质量的论文一些教师感到力不从心;对教育科学研究方法感到生疏与缺乏;等等。

由于教师的研究氛围单调,各自为政,缺乏规范系统的教育教学类立项课题研究团队,致使论文质量普遍不高,篇数虽多但属国家级核心期刊的却很少。在举行教育研究学术讲座方面有 57.1% 的教师还从未涉及;据 2006 年我院在办学评估中的统计,非教育专业师范生毕业论文中关于教育研究类的还不到 20%。以上事实充分说明了学科教学论教师教育研究整体水平偏低,这与尹筱莉等(2006)的研究类似。另外,由于民族地区发展滞后造成的教育研究经费紧缺、查阅资料的网络条件薄弱、外出学习交流机会少、师范教育的特殊教研设备不能配套(如我院 13 个师范类学科中就有 11 个没有微格教室)等,也是导致学科教学论教师教育研究能力薄弱的诸多客观因素。

2.4 学科地位对教师专业发展影响的结果与分析

调查发现,有 71% 的教师认为可能是基于求职的需要,学生只对有关教学实践理论和技能的教学内容较感兴趣;有 53% 的教师反映所属系领导对学科教学论的教学情况很少或从不过问;在被调查的系中还有 32% 的系没有固定的学科教学论教师;在与本学科其他专业课程比较时,有 43% 的教师更愿意选择讲授其他专业课程。以上结果可能与多年来学科教学论的课程设置单一、培养目标不明确、学科特色不突出、教材内容滞后、教学方法不具有示范性和实践性等诸多因素有很大关系。但鉴于该课程又是教育部门指定的师范类考试必修课程,致使课堂上学生的表现为遵守考勤的多,专心听课的少,参与热情不高,教学效果较差。管理上,领导的态度是暧昧得多,重视得少,即便关心也处于爱莫能助的境地。要改变现状,教师个人无能为力,对自身的专业发展授课教师们深感困惑和迷茫。种种迹象表明,学科教学论课程对教师教育的独特作用仍然遭到质疑,教学各部门对授课教师特殊的专业定位不够明晰,课程目前的学科地位直接影响其教学质量,严重阻碍了授课教师的专业发展。

2.5 教师专业发展需求结果与分析

教师专业发展需求情况,见图5。

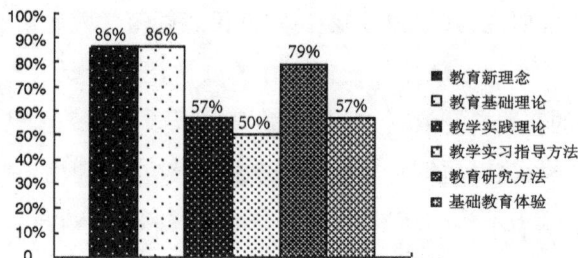

图5 教师专业发展需求情况

图5显示,学科教学论教师对专业发展有培训的需求,需求培训的内容及教师所占比例为:需求教育新理念和基础理论培训的教师都占86%;需求教学实践理论培训的教师占57%;需求教学实习指导方法培训的教师占50%;需求教育研究方法培训的教师占79%;57%的教师有基础教育实践体验的需求。以上充分表达了学科教学论教师对自身专业成长有着终身学习,探讨育人规律,反思教育实践,完善教育行为,从职业向专业、从经验型向研究型教师发展的渴望。

3. 结论与建议

3.1 结 论

综上调查分析,教育教学的基础理论、实践理论、教育科学研究方法是民族地区高师学科教学论教师专业发展的瓶颈。教师教学策略运筹存在的盲目性、教育研究能力整体水平的偏低、教师对专业发展的需求等就是其匮乏的体现。普遍偏低的师范本科学历和缺乏必要的针对性职后培训,正是导致学科教学论教师匮乏的源头。不被重视的学科地位、不够明晰的教师定位、地区经济发展滞后对教学、科研条件的限制等,是阻碍民族地区高师学科教学论教师专业发展不容忽视的诸多因素。

3.2 建 议

(1)相关部门应加紧研究对民族地区高师高学历人才引进的政策及措施;将各专业师范本科再读教育类研究生作为学科教学论教师学历的首选;与有学科教学论硕士、博士点的师范大学建立伙伴关系,使其相关课堂对该类教师开放,形成一个由地方师院、教育行政部门与高一级师范大学相关院所共同参与的学科教学论教师入职教育及职后培训的运行机制。

（2）改革师范生培养模式，延长教育实习期限，推行西南大学采用的顶岗实习措施；与地区中学创设一线教学平台，为在职教师形成基础教育的阶段性任教体验制度，以增强学科教学论教师专业发展的实践性。

（3）规范和健全学科教学论课程体系；明确从教学技能型教师转向反思型教育实践专家的课程培养目标；教学要联系实际避免照本宣科，向学生传授超越教材的知识，分析知识理性的力量；站在教育理论和思想理念的高度去把握教学策略与课程建设；改革以概念体系编写刻板与空洞的教材，扩充教学实践场所、增加技能训练课时等，以课程的独特魅力全方位提升学科教学论的学科地位。

（4）地方政府应加大对民族师范教育经费的投入，各师范院校每年应有专项资金用于建设学科教学论学术团队、增设教学硬件设施、改善教学研究条件等，使师范教育的特殊需要切实得以保障。

总之，应尽可能为提高学科教学论的教学质量，为学科教学论教师的专业发展，奠定坚实的起点，创造良好的环境，提供优越的条件。

参考文献

[1] 杨启亮.课程与教学论学位点建设中的"学科教学论"[J].学位与研究生教育, 2002(5):18-20.

[2] 陆国志.高师学科教学论中"教学论"的弱化及扭转对策[J].课程·教材·教法, 2006(6):77-81.

[3] 杨四海.教师职前培养与现实需要的对接研究[J].教育探索,2007(10):97-99.

[4] 阳红.贵州民族地区新建高校教师教育类课程体系改革的构想[J].贵州民族研究, 2007(5):168-172.

[5] 赵尉杰.发展性教育评价如何使评价对象增值[J].继续教育研究, 2007(1):149-150。

[6] 王升.教学策略与教学艺术[M].北京:高等教育出版社,2007:7-8.

[7] 尹筱莉.化学教学论教师专业发展的现状调查与分析[J].化学教学,2006(11):1-4.

[8] 邵燕楠.张诗亚.西南地区农村师资问题及对策研究——以四川美姑县、贵州威宁县为个案研究[J].西南师范大学学报(人文社会科学版),2006(5):79-84.

学科教学论教师从教背景分析与专业化探讨

——以贵州黔南民族师范学院为例①

余彭娜[1,3] 罗元辉[2] 孙敏[3] 汤绍虎[3]

(1. 黔南民族师范学院生命科学系,贵州都匀 558000;

2. 黔南民族师范学院物理与电子科学系,贵州都匀 558000;

3. 西南大学生命科学学院,重庆 400715)

摘 要:教师专业化相关问题已渗透到教师教育研究的各个方面,从教背景是教师专业成长的起点。本文结合教师的专业化标准、高师师资的专业分层和对学科教学论教师专业要求的讨论,对黔南民族师范学院学科教学论教师的从教背景进行了调查分析。结果表明,学历普遍偏低、缺乏职后培训、教育学知识漏缺、师资队伍缺乏相对稳定是限制学科教学论教师专业化的突出问题。学校和教育主管部门对其现状认识不足是影响学科教学论教师专业化发展的主要原因。

关键词:学科教学论 从教背景 调查分析 专业化

伴随着国际教师教育改革,教师专业化问题已经提到我国教师教育的议事日程。较之于中小学教师的专业化研究,我国高师教师的专业化问题如教师资质状况、专业化水平等研究较少,而关于少数民族地区高师学科教学论教师的从教背景与专业化研究未见报道。学科教学论是师范院校对师范类学生开设

① 基金项目:重庆市高等教育教学改革重点项目(0823027)、黔南民族师范学院院级科研项目(QNSY - 0917)。

的一门必修课,属学科性质的教育学学科。在教育理论与学科教育实践之间起中介作用,其理论指导和实践性不可替代,在创造教师专业价值方面具有指导学科教学的科学价值。地方师院学科教学论的教学质量直接影响地方初级教育、乡村教育的专业化师资水平。因此,开展少数民族地区高师学科教学论教师师资状况与专业化研究,对于提高民族素质、改善人口结构、推动民族地区文化、经济和社会发展都有重要意义。

从教背景是教师从教生涯的客观情况,是教师专业成长的起点,是决定教师专业发展的依据,是学校师资质量的反映。本文以贵州黔南民族师范学院为例,对学科教学论教师的从教背景进行了调查分析,并对其专业化问题进行了探讨。

1. 教师专业化标准与高师师资专业分层

1.1 教师职业、专业及专业化标准

作为一种职业或专业,教师的共同点是文化程度高于所教对象并完成知识的传递。职业与专业的根本区别在于在知识传递过程中是"做到"还是"做好",只有先"做到",才能再"做好"。从"做到"到"做好"的过程即是专业化的过程,对该过程起决定作用的是教师掌握专业知识与技能的程度,衡量该程度的标尺是教师的专业化标准。教师的专业知识与技能千差万别,各具特色,因此教师的专业化标准包含着共性与特性两个方面。其共性是指教师应具备职业道德、广义上的文化知识与素养以及一般意义上的教学实践技能;其特性主要是指教师应具备狭义上的学科专业知识与技能以及传授本学科专业知识与技能的独特教学教法。只具备共性,教师工作则仅局限在"做到"的职业范畴,只有同时具备了共性与特性,才能在真正意义上达到"做好",实现教师的专业化目标。

1.2 高师师资专业分层及学科教学论教师的专业化要求

目前我国高师师资大致可分为三类。一类是所有公共课如毛泽东思想与中国特色社会主义理论体系概论、大学英语、大学语文、体育、教育学、心理学和计算机科学等学科教师;二类是各学科的专业课如哲学、法学、文学、历史、地理、音乐、美术、数学、物理、化学、生物学等学科教师;三类是学科教学论教师。从教师专业角度看,前两类教师的专业化要求包括应具有扎实的专业知识与技

能和针对学科知识娴熟的教学技能。专业知识与技能是其所授课程的主要内容,属教学的显性课程;教学技能是所授课程的条件支撑,属教学的隐性课程。学科教学论属教育学学科,其学术层次为教学论占主要地位,学科性是附属地位。因此,学科教学论教师的专业化要求除应具备前两类教师的专业化要求外,更重要的还应具有宽泛扎实的教育教学基础与实践理论及教学技能,并作为显性课程主要讲授。而与前两类教师相一致的专业化要求仅属隐性课程,只为显性课程的讲解提供案例,作为课程的条件支撑,两者是主要与次要的关系并缺一不可。

2.黔南民族师范学院学科教学论教师从教背景调查分析

2009 年 9—10 月笔者采用问卷调查、个别访谈法对黔南民族师范学院学科教学论教师的从教背景进行了调查。涉及生物、化学、物理、数学、计算机科学、汉语言文学、外语、历史、教育和音乐、体育、美术这 12 个学科。调查对象为2008—2009 年度所有学科教学论教师,教学经历均达一年以上。调查内容包括职称结构、学历结构、教龄结构、职前教育、职后培训、学科教学论任教年限、教学经历等方面。调查访问中发放问卷 14 份,回收 14 份。

2.1 职称结构状况

在全院 14 名学科教学论教师中,教授、副教授、讲师、助教分别为 2 人、4人、7 人和 1 人(图 1),分别占该教师总数的 14.29 %、28.57 %、50 % 和7.14%,高级职称共占 42.86%。访谈得知,其中绝大多数高级职称教师并非长期讲授学科教学论,有的是近年甚至近期才开始讲授。因此,学科教学论教师的高级职称比例不能真实反映学院学科教学论教师的专业化水平。同时,学科教学论师资队伍还缺乏相对稳定性。

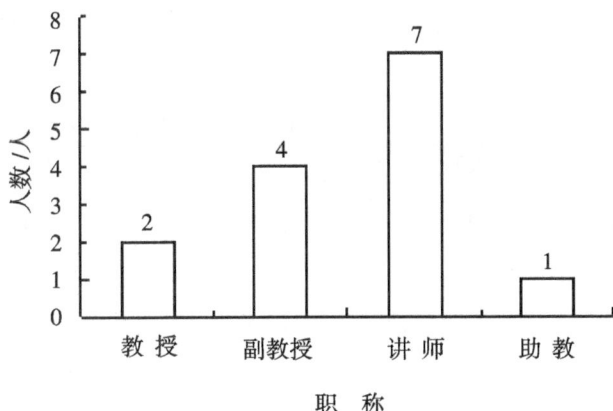

图 1 学科教学论教师职称结构

2.2 学历结构、职前教育、职后培训状况(表 1)

表 1 学科教学论教师学历结构、职前教育、职后培训状况

类 型	学历结构		职前教育		职后培训	
	本 科	硕 士	师 范	非师范	有	无
人数(人)	12	2	11	3	3	11
占总体百分比(%)	85.71	14.29	78.57	21.43	21.43	78.57

通过表 1 可见,学历结构,本科占 85.71%,硕士占 14.29%,整体学历偏低。这种低学历现象目前在民族地区师院还较为普遍。主要原因是民族地区经济欠发达,工资待遇较低,工作条件较差。为了提高学科教学论教师队伍的专业素质,促进该教师队伍的专业发展,提高教师教育质量,民族地区师院尤其应当重视引进高学历人才。

学科教学论教师的职前教育,师范类教师占 78.57%。说明学科教学论教师在职前大多数接受过起码的师范教育。然而,由于我国师范教育一直存在诸多问题,如培养体系不够科学、课程结构不尽合理、教学方法落后、欠缺从教能力的培养,尤其有关教育类的专业课程太少,其学时一般只占总学时数的 7% ~ 11%,教师接受的教学理论的学习与教学技能的培训远不能满足师范性的需要,更难达到学科教学论教师的专业要求。同时,师范本科学历的调查对象,本身属于学科类的基础教育师资,与属于教育类的高师学科教学论师资相比,在教学的知识结构和教师的专业化水平方面都存在很大差别。因此,学科教学论教师的职后培训就显得十分必要。然而,调查访问表明,经过 3 个月以上的职后培训的教师仅占21.43％,且其中无一位非师范类职前教育的教师。可见学科教学论教师的职后培训尚未引起足够重视或学校对教师的职后培训还缺乏针对性。

2.3 教师教龄结构及任教年限状况

57.14％的现任学科教学论教师教龄超过20年,而实际讲授学科教学论的时间不足5年的教师却占50％,任教10年以上的也仅占21.43％(图2)。说明学院多数系(部)对学科教学论授课教师的安排主要依靠对教龄的判断。诚然,教龄是一名教师教学经验的表征,与学科教学论课程的教学质量在一定程度上相关,但教龄长短不能完全代表或真实反映教师在学科教学论方面的专业化水平,因为学科教学论任教水平涉及教师对教材的熟悉程度、教学的策略运筹、教法的熟练操作等教学规律和教学经验的把握。教师教龄与学科教学论任教年限,两者在学科教学论知识的传授过程中,存在教师对该课程能教和教好的关系。只有当教龄与学科教学论的任教时间都达到一定年限,才能缩短学科教学论教师从职业到专业的实际距离。

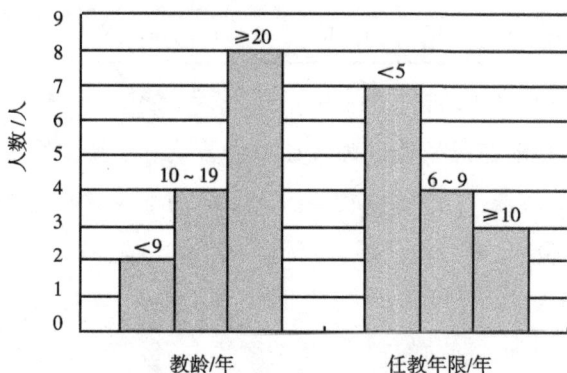

图2 学科教学论教师教龄结构及任教年限

2.4 教学经历状况

在学院学科教学论教师中,具有1年以上中小学基础教学实践经历的教师占42.86％,有1年以上大学学科专业教学经历的占57.14％,两种经历皆无的占42.86％(表2)。

表2 学科教学论教师教学经历状况

教学经历	基础教学实践经历		大学专业教学经历		基础教学实践经历＋大学专业教学经历	
	有	无	有	无	两者兼有	两者皆无
人数（人）	6	8	8	6	6	6
占总体百分比（％）	42.86	57.14	57.14	42.86	42.86	42.86

　　基础教学实践经历使学科教学论教师具备任教的双重知识背景并有助于专业发展。如在教学论方面，能真切了解基础教育一线学生的学习需求，体验基础教育的教与学、师与生、知与行的关系；在学科性方面，能获取基础教育改革的第一手资料，真实把握新课程的理念、学科课程标准，熟悉教材的重难点等，这些都将成为学科教学论课堂教学重要的课程条件支撑。同时，在一线教学的经历中，与中小学教师共同探讨的基础教育教学的具体问题，也可成为促进自身专业发展有血有肉的教育研究素材。所以，有必要将基础教学实践经历作为学科教学论教师的从教条件和对其进行专业化培养的必需过程。

　　关于大学学科专业教学经历，调查中有近93％的教师都毕业于本学科专业。在学科教学论的教授过程中，原来在大学里打下的学科基础足以处理教材中所涉的学科内容，但如果同时还具备了大学本学科专业的教学经历，将会更便于了解目前所教对象对本学科专业的学习状况，这也成为教师对学科教学论任教的又一知识背景，从而更能准确地把握教育理论与学科教育实践之间的中介关系。由于学科教学论课程的教学论和学科性，以及施教对象又是未来各学科基础教育的执教者，所以基础教学实践经历和大学专业教学经历，对学科教学论教师的授课质量及自身专业化程度的提高都有着至关重要的作用。

　　上述调查与分析表明，学科教学论教师的职称结构不能代表学科教学论教师的专业化水平，其师资队伍缺乏相对稳定性；教师学历普遍偏低，缺乏必要的职后培训，使其专业知识结构中漏缺教育教学基础理论、实践理论等教学论课程必需的重要知识部分；教师教龄与学科教学论课程的教学质量不直接相关，学科教学论教师从"职业"到"专业"还存在距离；多数任课教师缺乏基础教学实践经历和大学学科专业教学经历，缺少学科教学论的重要知识背景及必要的课程支撑等,这已成为民族地区师范院校学科教学论教师专业化发展的突出问题。而学校和教育主管部门对该课程教师缺乏明确的专业化要求,对教师仅接受过学科类一般师范的职前教育,却又要以教育学类知识和技能作为主要授课内容而强做"无米之炊"的尴尬局面不甚了解,这也是长期以来学科教学论课程的学科地位及资质状况深陷困境的主要原因。

3. 学科教学论教师专业化发展探讨

学科教学论课程在高师历来不受重视。其原因除了存在课程设置单一,培养目标不明确,学科特色不突出,教材内容滞后、空洞、缺乏实践性等影响课程学科地位的因素外,还由于我国教师的专业化标准至今尚未出台,一些教学主管部门对师资的专业分层未必十分清楚,尤其对学科教学论教师较为特殊的专业要求还欠明晰。通常在同一学科内将学科教学论教师与其他专业课教师的专业要求等同起来,认为只要具备学科专业知识,就可担任学科教学论教师。因此,对学科教学论任课教师的安排比较随意,不太考虑其延续性,导致一些学科的教学论课程没有固定的授课教师,教师专业化水平难以提高,教学质量欠佳。为促进学科教学论教师的专业化发展,提高教学论课程教学质量,结合调查中存在的有关问题,提出以下五点建议。

3.1 建立教师专业发展制度

要提高各类学校各学科的教学质量,就要使教师的职业性与专业性达到真正意义上的高度统一。国家相关部门应考虑由当前实施的教师执教许可条件的"双证模式"增加为"三证模式",即在以学科专业考试为前提的学位证书和教师资格证书的基础上,尽早出台符合我国国情的各类教师的专业化标准。一方面以其最低标准作为各类教师的专业上岗条件,颁发专业上岗证书,形成学位证、教师资格证、教师专业上岗证的"三证模式";另一方面以其不同标准作为各类教师晋升各级职称的必备条件。从而使教师的专业化发展尽快步入规范化、制度化轨道,使教师的专业化管理有法可依、有章可循,同时为教师自身的专业化发展指明方向和提供制度保障。

3.2 明晰学科教学论教师专业化要求

鉴于学科教学论的教学质量在教师教育中的特殊作用以及对所在地区文

化教育、经济发展的重要影响,高师相关部门应清晰划分教师教育中的师资专业层次,明确学科教学论教师先"教学论"后"学科性"的专业定位,把教育教学基础理论、实践理论和教学技能放在该课教师的专业要求之首。对新任教师严格从教条件、审查任教资格;对现任未达到基本要求的教师,限期分期分批安排培训或进修,减少和避免从人选到内容等职后培训的盲目性,提高学科教学论教师的专业化水平。

3.3 规范学科教学论教师继续教育机制

政府要考虑民族地区的特殊性,加大对民族师范院校经费的投入,出台优惠政策,引进高学历人才,将同时具备专业本科和教育类硕士两种学历作为学科教学论教师的首选;对只有专业本科学历的现任教师,应与有学科教学论硕士、博士点的师范大学建立伙伴关系,其相关课堂对该类教师开放;形成一个由地方师院、教育行政部门与高一级师范大学相关院所共同参与的学科教学论教师入职教育及职后培训的运行机制,并将目前这种学历补偿教育逐渐转向知识更新与教学研究教育。

3.4 稳定学科教学论师资队伍

学科教学论的任教年限,直接关系到教师对该课教学规律的把握和对该领域研究素材的积累,是提高教学质量及促进教师专业成长的又一保障。教学管理部门应注重教师授课的延续性、研究性。在达到其特殊专业要求的基础上,避免对任课教师安排的随意性。要培养、选派和保障符合专业条件的教师长期专职任教,保证学科教学论师资队伍的相对稳定。

3.5 形成学科教学论教师阶段性任教制度

基础教学实践和学科专业教学经历,是学科教学论教师的专业要求所需。教学管理部门首先应推行师范生顶岗实习措施,延长其教育实习时间。通过顶岗实习生的教育实习,一方面可弥补一些学校师资的不足;另一方面可增强学校教师间教师教育理论的交流与更新。既可补充学科教学论课程内容,提高教师教育的教学能力,也能为将来一旦成为学科教学论师资做好职前教育的铺垫。其次,应为学科教学论教师尤其像表2中两种经历皆无的教师创造获取课堂教学支撑条件的机会,支持从事学科专业教学,鼓励与地方中学共创一线教学平台,形成学科专业教学和基础教育的阶段性任教体验制度,并以此作为学科教学论师资的专业成长要求,增强学科教学论教师专业发展的实践性。

参考文献

[1]蔡宝来,王慧霞. 论教师教育研究的发展趋势[J]. 教师教育研究,2006(5):17-20.

[2]顾明远. 我国教师教育改革的反思[J]. 教师教育研究,2006(6):3-6.

[3]杨启亮. 课程与教学论学位点建设中的"学科教学论"[J]. 学位与研究生教育,2002(5):18-20.

[4]陆国志. 高师学科教学论中"教学论"的弱化及扭转对策[J]. 课程·教材·教法,2006(6):77-81.

[5]于吉平. 师范教育在地方经济发展中的重要作用[J]. 财会研究,2008(22):77-80.

[6]刘定一. "教师专业化发展"的九个命题[J]. 全球教育展望,2004(3):63-69.

[7]杨四海. 教师职前培养与现实需要的对接研究[J]. 教育探索,2007(10):97-99.

[8]阳红. 贵州民族地区新建高校教师教育类课程体系改革的构想[J]. 贵州民族研究,2007(5):168-172.

[9]沈甸,高剑南. 对高师学科教学论课程的反思[J]. 化学教育,2006(1):17-18.

[10]朱旭东. 论我国教师教育体系的重建[J]. 教师教育研究,2009(6):1-9.

[11]邵燕楠,张诗亚. 西南地区农村师资问题及对策研究——以四川美姑县、贵州威宁县为个案研究[J]. 西南师范大学学报(人文社会科学版),2006(5):79-84.